风雨中东路

中东铁路文化遗产研究丛书

徐景辉 著

北方文艺出版社

图书在版编目（CIP）数据

　风雨中东路 / 徐景辉著 . —— 哈尔滨：北方文艺出

版社，2016.2（2021.1 重印）

　（中东铁路文化遗产研究丛书）

　ISBN 978-7-5317-3549-6

　Ⅰ. ①风… Ⅱ. ①徐… Ⅲ. ①中东铁路问题 – 史料

Ⅳ . ① K263.06

　中国版本图书馆 CIP 数据核字（2015）第 320303 号

中东铁路文化遗产研究丛书

风 雨 中 东 路
Fengyu Zhong Dong Lu

作 者 / 徐景辉

责任编辑 / 安 璐　暴 磊　　　　　封面设计 / 聂志远　邵建文

出版发行 / 北方文艺出版社　　　　网　址 / www.bfwy.com
邮　编 / 150008　　　　　　　　　经　销 / 新华书店
地　址 / 哈尔滨市南岗区宣庆小区 1 号楼

印　刷 / 保定市铭泰达印刷有限公司　开　本 / 880×1230　1/32
字　数 / 208 千　　　　　　　　　印　张 / 8.75
版　次 / 2016 年 2 月第 1 版　　　　印　次 / 2021 年 1 月第 2 次印刷

书　号 / ISBN 978-7-5317-3549-6　　定　价 / 69.80 元

CONTENTS 目录

The Rough of Middle East Railway

序

从蒙古高原向松嫩平原俯冲的过渡带上，有一片广袤的大草原，这就是呼伦贝尔。在大草原的西端，两条锃亮的钢轨，从俄罗斯的赤塔平原伸来，越过口岸城市满洲里，一直伸向中国的东北腹地重镇。铁路翻过大兴安岭、松嫩平原、东部张广才岭、老爷岭，一路绵延过去，过海拉尔、齐齐哈尔（昂昂溪）、萨尔图、哈尔滨、一面坡、横道河子、下城子等等，历经数十座城镇，再从东端口岸城市绥芬河出境，全长1480公里。

它像一根长长的丝线，把高原、平原、东部山区，连接成一个有机整体。哈尔滨是节点城市，从哈尔滨向南，经双城堡、宽城子（长春）、公主岭、铁岭、沈阳、鞍山、大连，最终抵达军港旅顺口的支线铁路，全长940多公里。就是这条运营一百多年一纵一横的"丁"字形大铁路，不仅构架了东北铁路的网络格局，也推动了东北的城市化进程，加速了东北的开发和发展。更重要的是，这条大铁路，也拉动了中国的近现代史，牵动了亚洲的神经和历史走向，引发一次又一次的血腥战争。中东铁路，是一条实在过于沉重的大铁路，也是一条拉动历史并改变历史的大铁路。

可以说，一条中东大铁路，就是一部中国近现代史的缩影，亚洲乃至世界列强粉墨登场、竞相角逐的大舞台。读懂这条大铁路，就读懂了中国乃至东亚近百年的风云变幻和历史发展脉络。这条大铁路，无疑就是一本历史教科书，它既带有历史的神秘色彩，又能给我们以深刻的启迪，烟雨风云，更能让我们掩卷深思。

中国，一百多年来的风雨路程如何走过。

中国，一百多年来的强国之梦。

中国，梦……

第一章　中国人的铁路梦

百多年前的中国，经历了两次鸦片战争和太平天国的冲击，大清王朝已经是满目疮痍，疲弱不堪。1840年林则徐领导的禁烟运动，导致了第一次鸦片战争，最后，在英国人的炮舰面前，清王朝不得不向外夷屈服，不仅开禁了鸦片，制造出大量的"东亚病夫"，更是打开了国门，开广州、厦门、福州、宁波、上海为通商口岸。邓廷桢和林则徐前后两任两广总督，带着未了的心愿，含泪离开广州，因兵败获罪，流放新疆伊犁。

《天津条约》签字仪式图

1840年6月，英国发动第一次鸦片战争，签订了中国历史上第一个不平等条约——《南京条约》，这成为了中国近代史的开端。

十五年后的 1856 年，英法联军在美、俄的暗中支持下，以加大开埠为借口，再度用枪炮和利舰叩开了中国大门。这一次，看似为了加大开埠，实际上，还是因为鸦片，所以史学界才有"第二次鸦片战争"之说。英法大量销售鸦片，造成中国的丝织品和茶叶等大量产品出口后，大多抵消了鸦片钱，已经换不回外汇。没有了外汇，也就没有能力再进口英法工业品，造成英法工业品在中国销量大跌，远远达不到他们资本掠夺的目标，这使英法两国极为不满，便寻衅出兵，从广州一路北上。清军一路抵抗，但长矛大刀终是比不过洋枪洋炮。1858 年英法联军攻到天津大沽口，已经逼近北京。兵临城下，清王朝开始想对策。先是调兵遣将，武力不行就谈判，最后派钦差全权大臣，吏部尚书花沙纳和东阁大学士桂良，与英国全权大臣列·威廉爵士签下了《天津条约》。这显然是城下之盟，这个条约大多数的内容是要求清王朝如何尊重洋人、使洋人出入中国更随便一些，这当然是为了卖他们的商品。

曾国藩（1811~1872）

字伯涵，号涤生。中国近代政治家、军事家、理学家、文学家。官至武英殿大学士、两江总督。创立湘军，平定太平天国，发起洋务运动。在他的倡议下，清朝建造了中国第一艘轮船、第一所兵工学堂，印刷翻译了第一批西方书籍，安排了第一批赴美留学生。可以说，曾国藩是中国近代化建设的开拓者。著有《曾国藩家书》《挺经》《冰鉴》等。

左宗棠（1812~1885）

字季高，一字朴存，号湘上农人。晚清重臣，军事家、政治家、著名湘军将领，洋务派首领。二十岁乡试中举，但此后在会试中屡试不第。他留意农事，遍读群书，钻研舆地、兵法。后来竟因此成为清朝后期著名大臣，官至东阁大学士、军机大臣，封二等恪靖侯。一生经历了湘军平定太平天国运动，洋务运动，平叛陕甘同治回乱和收复新疆维护中国统一等重要历史事件。

1858 年 8 月，太平军击溃清军江北大营；10 月，太平军又在安徽三河镇大败湘军。

英法不过是为了在中国多销售他们的过盛产品，可是，大量销售鸦片的结果是中国百姓对外国产品的购买力大大下降，再签多少不平等的条约也无法提高中国国民购买力，英法商人显然达不到目的。看到大清王朝不过是软弱可欺的纸老虎，有了《天津条约》还不行，英法联军就再次动用武力，迫使中国开放更多的口岸。这一次，真的是兵临城下了。此时，太平天国和捻军闹得风生水起，曾国藩、左宗棠的湘军及李鸿章的淮军等有实力的军队正对付国内之乱，再也抽不出军队来对付京津的洋人之乱。京官们一直认为洋人远涉重洋作战，不占优势，并没把洋人放在眼里，及至发现洋枪洋炮的厉害，完全可以以少胜多并可以攻下北京时，咸丰皇帝慌了手脚，竟然带着一大帮人逃到承德避暑山庄躲了起来，一应大事交给了六弟恭亲王奕䜣。才学过人的奕䜣，是可以临危应

李鸿章（1823~1901）

字渐甫。淮军与北洋水师的创始人，洋务运动的倡导者，官至直隶总督兼北洋通商大臣，太子太傅，授文华殿大学士，封一等肃毅伯爵。一生呕心沥血，为晚清治国名臣，与曾国藩、左宗棠、张之洞并称"晚清中兴四大名臣"。主掌朝中大事及外交谈判，因与列强国家签订了许多不平等条约被后人所诟病。

奕䜣（1832~1898）

道光帝第六子，咸丰帝异母弟，恭亲王。洋务派在中央的首领。1860年，在第二次鸦片战争中，奕䜣计沂授命为全权钦差大臣，负责与英、法、俄谈判，并且签订了《北京条约》。1861年，咸丰帝世，奕䜣与慈禧太后合谋发动辛酉政变，成功夺取了政权，被授予议政王之衔。任内主张对外妥协，对内镇压农民起义。兴办洋务新政后，与慈禧太后发生权力之争，被罢去一切职务。经多人奏请，复任军机大臣、总理衙门大臣等职。1894年，中日甲午战争期间，管理总理衙门，并总理海军，会同办理军务。后又督办军务，节制各路统兵大臣，授军机大臣。1898年去世，终年六十七岁。

1860年10月，英法联军大举进攻大沽、天津，不久后入侵北京，洗劫并烧毁了皇室园林圆明园和静宜园。

巴夏礼（1828~1885）

全名哈里·斯密·巴夏礼爵士，19 世纪英国外交家，主要在中国与日本工作。香港九龙白加士街便是以他名字的粤语译音命名的。

北京条约

1860 年英法联军攻进北京后，英、法、俄强迫清政府分别签订的结束第二次鸦片战争的不平等条约。

变的。可让他没想到的是，皇帝竟然又派出时任镶蓝旗满洲都统的僧格林沁做钦差大臣，到天津去督办防务。恰遇洋人谈判团一行 39 人到达天津，没想到僧格林沁这位大将军脾气火爆，正像我们看电影里的情节那样，竟然跟洋人代表巴夏礼动手打了起来，他将巴夏礼摔倒在地，一直摁着脑袋让其磕头认罪，非得让巴夏礼答应立即撤兵。这哪里有个钦差大臣的样子？巴夏里不过是个谈判代表，哪里做得了主？这位大将军便火冒三丈，将这一行 39 人绑进北京，关进了刑部大牢。据说有几个人死在了狱中，是狱卒给折磨死的还是病死的，不得而知。总之是发生了死亡事件，而刑部大牢就恰好在圆明园附近。死了外国人，这下问题严重了。

最后导致谈判不成，双方交兵，僧格林沁再次兵败，英法联军打进北京，不仅劫掠了故宫和许多皇家园林里的财物古董，还放火烧了圆明园、清漪园、畅春园、静明园、静宜园五处皇家园林和万寿山、玉泉山、香山三山。大火整整烧了 50 多天，用白花花的银子建起来的皇家园林最后付之一炬，化成灰烬。皇帝不胜其怒，下旨摘去了僧格林沁的三眼花翎，奕䜣被迫派人同英、法、俄、美等国再一次分别签订了《天津条约》。似乎这一条约不能满足各列强的贪欲和要求，随即又签订了《北京条约》。

1860 年 2 月，爆发了太平天国的著名战役"安庆保卫战"，湘军领袖曾国藩分兵三路进攻安庆，双方战斗一年多，最终安庆陷落。

此时，沙皇俄国也趁火打劫，以穆拉维约夫为首的哥萨克匪帮趁机占领了黑龙江与精奇里江交汇口，作为封疆大吏、从未打过胜仗的黑龙江将军奕山，不敢轻开边境战端，只好坐下来与沙俄谈判，签订了《瑷珲条约》，割让了黑龙江以北60多万平方公里的土地。奕山只保留了以海兰泡为中心江东岸64屯【实际上约70屯】大清国民的永久居住权和清王朝的管理权【1900年沙俄借保护中东铁路为名，出兵中国，并制造了骇人听闻的"海兰泡惨案"，又失掉了64屯，6000多大清国民死于非命】。实际上奕山作为黑龙江将军，只有守土安边的责任，没有谈判割地的权力，清王朝后来曾不予承认，但沙俄已经将土地占为己有，并将海兰泡改为布拉格维申斯克。

1862年，一个叫马可罗波的哥萨克武装头目，依样画葫芦，如法炮制，

乞丐

贫民流落街头

自1840鸦片战争以来，清王朝国力日渐衰微，内忧外患，民不聊生。大清国的国税银全年收入不超过7 000万两白银。近3亿4 000万人口，几乎都处于贫困线上，处于温饱的地主阶级仅占人口总数的0.3%。关内百姓，为了生存，四处逃生

1862年美国正处于内战之中，美国总统林肯颁布《宅地法》和《解放黑人奴隶宣言》；普鲁士首相俾斯麦宣布实行"铁血政策"。

慈禧（1835~1908）

原为咸丰皇帝的妃嫔。1861年咸丰帝驾崩后，慈禧与孝贞显皇后两宫并尊，称"圣母皇太后"，上徽号"慈禧"；后联合慈安太后、恭亲王发动辛酉政变，夺取政权。

率领一伙沙俄哥萨克武装，强行占领了中国人一向"跑崴子采海参"的海参崴，随即将海参崴更名为"符拉迪沃斯托克"，意为"控制东方"。

为了牢牢控制东方，需要有一条畅通的补给线——大铁路。

此时，大清王朝可谓丧权失地，丢尽了脸面，在列强面前已经没有了话语权。在如此危机的形势下，图强求变，已经成为朝野上下的共识。从战败中悟出强国之本在于工业和科技的道理，外国军队所以能打进家门，是他们有炮舰，兵器精良。他们所以兵器精良，是他们走上了工业发展之路。学习洋务，发展工业，重视科学技术，这是一些权臣们开始思索的问题。

第二次鸦片战争的第二年，也就是咸丰十一年【1861年】7月15日，咸丰于热河染重病，生命垂危，16日，咸丰皇帝于烟波致爽殿寝宫召见怡亲王载垣、郑亲王端华、御前大臣景寿、协办大学士肃顺、军机大臣穆荫、匡源、杜翰、焦祐瀛等八大臣，委托顾命训政，以防两宫有变。此时，咸丰皇帝已经看出苗头，两宫有干预朝政的趋势。咸丰最忌讳女人监国，怕毁掉大清江山。可惜，一切尽在咸丰意料之中。17日清晨，咸丰驾崩，两宫【慈安、慈禧】以治丧为名迟迟不返灵柩回京办国丧。9月30日，奕䜣在僧格林沁帮助下，协助两宫太后政变【史称辛酉政变、祺祥政变或北京政变】成功，铲除八大顾命训政大臣，成为辅佐同治小皇帝的总理内务府大臣。两宫太后因其政变有功，授予其议政王、军机处行走等要职，可以说集外交、皇权、军权于一身。慈禧也从此正式登上

1861年9月，曾国藩在安徽安庆创办安庆内军械所，这是洋务派开办的第一个军事企业。

政治舞台，开始了垂帘听政。

奕䜣登上政治舞台，为中国的洋务运动【19世纪60年代到90年代】奠定了政治基础。

洋务运动之前，西方列强已经形成了完整的资本主义体系，可中国还处于封建地主小农经济状态。西方人已经有了纺织、化工，我们连朝廷官员和皇帝穿的朝服都要靠江南织造局手工纺锤织布；西方已经有了冶金和机械制造工业，我们连最起码的挑水桶、铁盆、铁钉等都生产不了；西方已经有了坚船利炮，我们还没有海军；西方在迅速发展，我们不仅没进步，跟明王朝比还在衰退。况且英、法、德不断掠夺我们的财富，倾

张之洞（1837~1909）
字孝达，咸丰二年（1852年）十六岁中顺天府解元，同治二年（1863年）廿七岁中进士第三名探花。

销他们的产品，沙俄帝国在觊觎我们的北方疆土，我们有很长的国境线与沙俄接壤。这一切都让有识之士忧心忡忡，朝乾夕惕。

于是，主管外交的洋务大臣李鸿章、两江总督并以钦差大臣身份署理江南军务的曾国藩、浙江巡抚左宗棠及后来的署理两广总督、湖广总督、两江总督及军机大臣等要职的张之洞等人，试图寻求一条革新救国之路，力主学习西洋办工业，联合上书朝廷，极力要求工业强国，由此在中国大地引发了轰轰烈烈的洋务运动，大兴工业产业。正是因为推动了洋务运动，这几位大臣被称为洋务派，尤其是李鸿章、曾国藩、左宗棠、张之洞四人，被称为"晚清四大名臣"。洋务运动最初在朝中是有阻力的，反对声音不少，主要是怕西学破坏了祖制。最终，在中央领导中恭亲王奕䜣的大力支持下，洋务派占了上风，国家大政开始走上洋务运动。

奕䜣利用议政王、军机大臣，尤其是先皇六子的特殊身份说服两宫。

1862年5月，伦敦国际工业和艺术博览会举行。

此时的两宫太后，尤其是后来渐渐把持政权的慈禧，也意识到天朝大国屡受外欺，不强国大清的江山就会丢掉。于是，在奕䜣的主张下，终于同意这些革新派的主张，开始了大规模的学习西洋、引进洋人工业和进口洋人机械的运动。自1861年始，一直持续到1894年的中日甲午海战，长达35年之久。可以说，是日本帝国主义的炮舰打碎了中华民族的强国之梦。尽管洋务运动最终失败，但却对中国的历史进程产生了深远影响，为中国的近现代化开辟了道路。

洋务运动拉开帷幕后，中国大地立刻出现了大批的工业，呈现出工业富国气象。有些工业在当时颇有影响，是我国许多工业的前身。

如军事工业安庆内军械所【吴趼人小说《二十年目睹之怪现状》，就曾描述过安庆内军械所后来是如何挥霍国家银粮，制造出来的机械大部分不能用或改作他用等，出了许多笑话。这是小说家手法，事实上安庆内军械所为中国工业的初创和发展做过不可磨灭的贡献】、江南制造局【吴趼人在小说中同样描述过，尤其制造的船无法掉头，只能向前开不能退回来，最后开到吴淞口，吓得试验新船的官员只好战战兢兢靠岸】，此外还有汉阳铁厂、福州船政局、开平矿务局、轮船招商局、兰州织呢局等等，最重要的是经奕䜣奏请，清政府开始创办外语学校。1862年成立了"京师同文馆"，除汉语外，主要开设英语、德语、法语、俄语和日语，学习西方科学，要先懂其语言。与此同时，清政府开始派洋务大臣到外国采购军事装备，主要是到英国、法国、德国、美国等购进大批军舰，第一次组建了海军，成立了北洋水师、南洋水师、广东水师、福建水师四支海军，而北洋水师无论是舰只吨位还是海军舰艇数量及人数，都是四支水师中最强大的。

工业的大批上马，就需要有相应的交通运输能力。这时候，清王朝的运输主要靠马车驿路和漕运，漕运是有条件的，离开江河、运河和船只就

1862年1月，太平天国第二次进军上海；5月，太平天国英王陈玉成被捕。

无能为力，陆地运输是空白。为了和工业相适应，修造铁路就成了当务之急。可是，中国人从来没修过铁路，这其中不仅需要钢铁、木材等原材料，还需要设计、铺路等大量技术支持。为此，清政府开始派留洋学生学习修造铁路。

实际上，为了发展民族工业，洋务大臣们一直就有着铁路梦想，可惜都没能成功。

1865 年，二次鸦片战争之后，英国商人杜兰德为了向清政府宣传铁路的优越性，在北京宣武门外自筹资金修建了一条 0.5 公里长的小段"展览

汉阳铁厂

安庆内军械所

又称"安庆军械所"。清末最早官办的新式兵工厂。1860 年由曾国藩创设于安徽怀宁黄石矶、安庆大观亭。制造子弹、火药、枪炮。科学家华蘅芳曾在此主持制造中国第一艘轮船。1864 年迁南京，改建为金陵内军械所。

江南制造局

又称"江南制造总局"，由李鸿章亲自创建，位于上海虹口，1867 年迁至高昌庙，主要生产军械，除枪支弹药外，也生产小型火轮。1905 年后两部分独立，军械部分改为"江南制造局"，后改为"上海兵工厂"，造船部分改为"江南船坞"后又改为"江南造船所"。

1975 年 7 月，日本强迫琉球国王停止向清朝中央政府朝贡。

铁路"。虽然这条小铁路仅是展示铁路的原理而无实际用途，但作为铁路这一新生事物首次公开出现在中国人面前，并没有像展示者预想的那样，会引发人们的好奇心，它让京城里的人充满了恐惧和抵触，弄不清这是什么诡异之物。据徐珂的《清稗类钞·卷十三》记载，"英人杜兰德于同治乙丑七月，以长可里许之小铁路一条，敷于京师永宁门【宣武门】外之平地，以小汽车驶其上，迅疾如飞，京人诧为妖物。旋经步军统领饬令拆卸，群疑始息。自是而后，遂有淞沪铁路矣。"

淞沪铁路的命运也不过如此。光绪二年【1876年】由英国怡和洋行投资铺设的吴淞铁路【上海—吴淞】，全长14.5公里。这应该是中国第一条运营铁路，但是外国人修的。由于当时无论是清政府还是民众，都视铁路如洪水猛兽，尤其是慈禧，认为是"坏我庐冢，伤我风俗"，加上火车后来碾死一名士兵，更是被视为恐怖之物。通车一年后【1877年】，清政府以28.5万两白银赎买，旋即被拆除，这成为中国铁路史上的笑话。虽然当时清廷许多保守派人士对修筑铁路存在抗拒心态，但受"师夷之

淞沪铁路

1865年6月，曾国藩和李鸿章在上海创办江南制造总局。

长技以制夷"的思想影响，清政府开始了洋务运动，由国外引进科学技术，开始尝试自己修铁路。李鸿章力主修造铁路，他认为，"富强之势，远不逮各国者，察其要领，固由兵器兵船讲求未精，亦由未能兴造铁路之故……若论切实办法，必筹造铁路而后能富强。"尽管洋务派官员极力主张，如李鸿章、刘铭传、林则徐及后来的张之洞等人，皆力主修造铁路，可是，由于中国清政府的实力和认知程度所致，铁路建设仍然缓缓推进，举步维艰。

淞沪铁路上海站

中国的第二条铁路，也是第一条清廷主张兴建的官办铁路、中国的标准轨距铁路，是光绪七年【1881年】由直隶总督李鸿章下令铺设的唐胥铁路【河北省唐山—胥各庄】，全长9.2公里。为了将唐山附近开滦煤矿的煤运出去，经清廷批准，聘英国人金达为总工程师，由开平矿务局集资修筑唐胥铁路。但李鸿章为避免激起反对，起初只以骡马为动力，至光绪八年【1882年】才开始使用蒸汽机车牵引。光绪十年【1884年】中法战争后，

1881年2月，曾纪泽与沙俄代表订立了《中俄伊犁条约》和《陆路通商章程》。

洋务派为了军事的需要，积极提倡兴筑铁路。为把唐胥铁路延伸到芦台，李鸿章在开平矿务局下设运煤铁路公司——开平铁路公司，成为中国第一个自办的铁路公司。1886年唐胥铁路延伸到芦台，1888年又延伸到塘沽和天津，为唐津铁路。唐津铁路后又于1890年、1892年、1893年分别延伸至古冶、滦州和山海关，改称津榆铁路。

光绪十五年【1889年】，力主修造铁路的张之洞，派使南洋诸岛后，更了解海外诸番的发展皆学习西洋，上奏朝廷，建议修筑芦汉铁路，自卢沟桥至汉口，以贯通南北。他认为铁路之利，以通土货、厚民生为最大，征兵、转饷次之。他提出芦汉铁路是"干路之枢纽，枝路之始基，而中国大利之萃也"。朝廷准奏，计划北段由直隶总督主持，南段由湖广总督主持，南北分段修筑。于是，清廷调张之洞任湖广总督，主持芦汉铁路南端。但是，由于受当时的技术和财力所限，铁路迟迟没有开工。张之洞原打算"官督商办"，让沿途各省大商家出钱参股修铁路，因当时清王朝信誉扫地，商家们都"各怀观望"，怕投资后朝廷借机吞掉本金而无红利，最后闹得血本无归，因此无人投资。

直到1896年10月，铁路还没能动工，直隶总督王文韶、湖广总督张之洞联合上书奏请设立铁路总公司，朝廷准奏，以大官僚买办、天津关道盛宣怀为督办大臣，统筹卢汉铁路的修建，主要是向外国借钱修铁路。有大官僚买办担纲，借款筑路的消息一经传出，美、英、法、比等国的铁路公司纷纷派代表来华，竞相兜揽角逐。张之洞认为其他国家胃口太大，要价过高，超出了中国铁路公司的承受能力，而比利时是个小国，钢铁资源丰富，铁路技术成熟，最主要是他们给价较低，又"于中国无大志"，比较让人放心。于是，将京汉铁路的建设权给了比利时。

没想到，比利时公司偷工减料，几乎就是修了一条豆腐渣工程的铁路，

1889年，张之洞调任湖广总督，筹建湖北织布局。

尤其是黄河大桥，桥墩和桥板的抗共振能力都不达标，通车时车速仅10—15公里。尽管如此，这条全长1214.49公里，连接北京与汉口的宏大铁路，还是于光绪三十二年【1906年4月1日】正式全线通车，因力主修建这条铁路才被派任湖广总督的张之洞与直隶总督袁世凯一道验收工程后，改卢汉铁路为京汉铁路。当然，这已经是中东铁路通车以后的事情。

尽管中国洋务派的铁路之梦历尽坎坷，可中国人图强奋进的脚步一刻也没有停息。驿站舟车的时代毕竟不能顺应社会发展的需要，铁路是当务之需，这也是中东铁路所以能够在东北落成的历史基础。

尽管中国的有识之士一直在为修铁路而努力，可让外国人来中国修一条大铁路，无论如何也不好接受，尤其是许景澄、杨儒这样的驻外官员，始终认为沙俄对中国有不测之心，俄国人来华修铁路，恐怕是项庄舞剑，包藏祸心，意不在铁路。而俄国在远东的战略构想，更是司马昭之心，路人皆知。

许景澄（1845~1900）

同治七年（1868）进士。曾任驻外公使兼工部左侍郎，并出任中东铁路公司总督办，公司设在哈尔滨，许景澄经常往来于彼得堡与哈尔滨之间。1900年庚子事变，因反对慈禧攻打外国使馆，惹怒慈禧，以"勾结洋人，莠言乱政"的罪名，于7月28日在故宫午门"斩立决"，时年55岁。相继斩于午门的还有袁昶、立山、联元、徐用仪，史称"五大臣事件"。

1896年6月，清朝政府同俄国签订《中俄密约》。

第二章　甲午海战带来的战略思考

洋务运动给民族工业和国民经济带来一片生机，就在大清王朝一片升平，经济日渐好转的时候，隔海相望的邻国日本害怕中国强大起来。一些史学者分析认为，这是岛国的思维模式，认为如此一个大国，一旦发展成强国，毗邻的岛国就可能沦为大国奴隶。所以，宁可自己不发展，也要发动战争搅浑水。

日本人觊觎中国大陆，起因较多，梳理起来有几个方面，一是日本的岛国心态，对幅员辽阔的中华大国，真的是羡慕，做梦都想爬出四面是海的弹丸之地，到中国大陆来风光一下；二是日本一些所谓的海洋专家危言耸听，说地球持续变暖，二百年后可能海平面上升到将日本岛淹入海底，到那时，整个大和民族将会无家可归，甚至葬身鱼腹。为了生存，为了子孙后代，他们要在大陆上重新寻找家园。于是，将目光锁定了亚洲大陆，最主要是满蒙陆地，将中国大陆视作他们的生命线；三是日本明治维新后日渐强大，野心膨胀，视中华地大物博，有利可图。可他们不是通过友好往来到这块土地上，而是想用野蛮手段将中国占为己有。明中叶以后，就有日本浪人，时不时跑到中国大陆和朝鲜半岛上来烧杀抢掠。

早在明中叶的万历二十年【1592年】，日本的内阁首领丰臣秀吉就曾率16万大军，以小西行长为先锋，兵分九路攻入朝鲜半岛，企图从朝鲜打开中国大门。在明王朝边关大将李成梁的儿子李如松率关宁铁骑和

> 1592年，明万历朝鲜之役爆发，明军出兵朝鲜助其抵抗日本的侵略。

戚继光所率领的"戚家军"的一再打击下，损兵折将，惨败而归，最终缩回到日本岛上。那时的日本，论实力，跟明王朝实在差距太大。可日本人不死心，吊在架上的葡萄吃不着，就得想办法跳得更高。

二百多年后，日本的政客们又开始蠢蠢欲动，野心膨胀。1868 年，日本明治天皇睦仁登基，开始推行新政，史称"明治维新"，并在这一年同清王朝签订了《中日修好条约》，主要约定世代修好，"两国所属邦土，亦各以礼相待，不可稍有侵越，俾获永久安全。"从字面上看，这是一个两国平等友好条约。可日本从来都是包藏

戚继光

祸心的，就在这个条约签订三年后的 1871 年 12 月，琉球群岛【今冲绳】的土著渔民渔船因遇风漂流到台湾，被台湾岛内居民误以为强盗，发生了械斗，其中 54 人被台湾原住民【土著人】杀害。后来，清政府知道了这件事，进行了妥善处理，并将其余渔民由清政府护送回琉球。当时，流球尚属清王朝管辖区，本是内部事务，日本也并不知晓。第二年，日本使者来华，无意间从中国政府的邸报【官报】中看到了这件事，一面向本国禀报，一面向清政府交涉，总理衙门的人直接答复，说台湾、琉球二岛都属我们

的国土，两岛之人相杀，怎么处理是我们自己的事，用不着你来过问。回答到这里已经很圆满了，结果这位总理衙门的官员竟然画蛇添足，又说了一句，"杀人者皆属生番，故且置之化外，未便穷治。"言外之意，这件事就大事化小，小事化了。说者无意，听者有心，日本抓住把柄，拿"化外"二字大做文章，说台湾土著居住地不属于中国领土，借口出兵进攻台湾。至此，中日两国"世代修好"的条约已成一纸空文。

1874年2月，中日在台湾琅峤交战，这场战争最终以日军失利告终。9月，日本派公使来中国，先是虚张声势恫吓一番，见清王朝并不惧怕，便说诚意讲和，最后，讨了50万两银子，给遇害渔民抚恤金，签订了《北京专约》，将琉球遇害渔民，写成"日本遇害渔民"，给自己一个台阶下，便草草从台湾收兵。《北京专约》成了日本兼并琉球的依据，1879年4月，日本占领了琉球，更名为冲绳县。

占领了琉球并不满足，他们又在朝鲜半岛上做文章。为了使朝鲜能脱离清王朝，成为他的附属国，1884年，趁中法战争之际，日本驻朝公使公然鼓动半岛政变，使局势混乱，便趁机出兵。当时清王朝也不示弱，由袁世凯率军出征朝鲜，日军实力毕竟不够，日本驻朝公使自焚使馆连夜逃跑。很快朝鲜半岛平定了政变之乱。

这时，日本政坛杀出一匹黑马，这个人就是从英国留学【主修海军】归来并具有一定政治实力的伊藤博文。伊藤博文走上政治舞台，在他的主张下，日本政府完全废除了幕府政治和藩王割据局面。1885年，日本正式完成了君主立宪制改革，实行内阁制，伊藤博文成为首任内阁总理大臣【首相】。上任不久，于当年5月便作为日本特使出使中国，谈判朝鲜问题，提出许多无理要求，遭到李鸿章怒斥："若两国因此决裂，我们只有准备打仗了。"尽管出使前，外相陆奥宗光、参谋本部总长山县有朋等主战派

1874年3月，三千多名日本兵在台湾琅峤强行登陆，并在龟山设都督府，意图久踞台湾。

都向天皇进呈，希望与中国开战，因为中国军队正在学习西方，实行军制改革，如果走欧洲的建军道路，可随时征调兵员 400 多万，战时可随时征调兵员 850 多万，这对日本的大陆战略来说是致命的打击，日本将来想夺取中国领土基本不可能。可伊藤博文此时很清楚，凭日本当下的实力，很可能占不到便宜，尽管中法战争中国已经有了很大的消耗，中国毕竟是大国，百足之虫，虽死不僵。日本是小国，禁不起折腾，就算两败俱伤，日本也是吃亏的。伊藤博文纠缠了一些日子，与清政府签订了《天津条约》便打道回府了，日本由此取得了向朝鲜派兵的权利。

《天津条约》签订后，清政府意识到日本人的野心。为加强防务，任命袁世凯为朝鲜总兵，总领朝鲜事务，加紧控制朝鲜半岛。而日本有了《天津条约》做依据，也加紧向朝鲜渗透，以保护朝鲜为由，向海岸派兵。两国由此开始矛盾的公开化，并埋下了战争伏笔。日本自 1890 年后开始花巨资打造海军，动用了财政收入的 60% 以上，而清王朝很清醒，也在花巨资打造海军，两国都派人到英国学习，都从英国购买军舰。1893 年，日本朝野上下准备开战，日本天皇拿出大笔宫廷经费，文武百官缩减了薪水，加紧赶超中国，欲趁中国强大之前打败中国海军，占领东北【满蒙】。到 1894 年甲午海战前夕，日

伊藤博文（1841~1909）
日本长州藩士，曾留学英国，归国后力主维新。明治维新后出任首届内阁总理大臣，枢密院长，前后四次组阁。任内发动了中日甲午战争，使日本成为了东亚头号强国，也使他成为中朝（韩）人民的头号公敌。1909 年 10 月，为解决日俄争端，到中国东北与俄国财政大臣戈果甫佐夫会商，26 日 9 时抵达哈尔滨车站时，被朝鲜爱国志士安重根从背后连射七枪，有三枪击中要害部位，被抬进车厢，后不治身亡。

1885 年，日本正式完成了君主立宪制改革，实行内阁制。

本海军的实力已经远远超过了中国北洋水师。自称强大的北洋水师自1888年成立，再没添置过任何军舰，船艇老化，兵员训练也不够，到了1891年前后，连枪炮弹药都没有更新。不仅如此，北洋水师的英国教练也因训练严格，导致一些军官和士兵受不住，联名将教练赶走，换成自己的教练后，变得散漫无状，一些军官甚至到岸上泡女人，数月不归。更要命的是，1888年国库拨给海军的大笔购舰款被慈禧挪走，将英法联军烧掉的清漪园等重新复建，动用448万两白银，形成了从现清华园到香山长达二十公里的皇家园林区，改称颐和园，作消夏游乐地。洋务派的大臣几乎都反对此时修颐和园，纷纷上书，陈辞利害，明确指出日本人已经磨刀霍霍，我们不强军就是坐以待毙。慈禧大发雷霆，说："我已经归政给皇上，很快就过六十大寿了，造个园子还不行吗？"就这样，本来可以成为护国利器的

北洋水师铁甲舰

1890年，旅顺口船坞竣工。

大笔白花花的银子，竟然变成了慈禧用来祝寿的私人游乐场。

1894年的海战已经不可避免。战争的过程不必细说了，读过一点史书、有一点历史常识的人都清楚，清王朝海军主力北洋水师全军覆没。北洋水师不是没有勇将，也不像后来传说中的那样兵无斗志。士兵素质只是其一，主要是装备差得太多。任何时期，都有持血报国的忠勇之士，也有贪生怕死之徒。甲午海战自1894年7月25日，日本不宣而战，在黄海大鹿岛附近海面突然向清军舰队发动进攻，并击沉高升号，同时向朝鲜陆地派兵进攻半岛上的清军，双方正式交战开始，到9月17日，日军很快攻占朝鲜半岛，其中高州总兵左宝贵战死，而总统【总指挥】叶志超贪生怕死，竟然率余下部队一路后退，丢盔弃甲，五天向后狂奔600多里。等北洋水师9月12日主力舰队与日军舰队激战时，半岛已经陷落，没有半点陆军接济，北洋水师成为海上孤军，导致致远舰受重创，管带邓世昌战死。这时候，朝廷主和派李鸿章，尽管身负整个大清水师指挥重任，仍旧消极避战，看着慈禧的脸色行事。而此时的慈禧一心求和，因为这一年是她的六十大寿，怕战事久拖不决影响她的祝寿庆典。结果，日军一路高歌，竟然越过重兵把守的鸭绿江，占领九连城【今丹东振安区九连城镇】、安东【今丹东】，11月6日，日军占领金州，18日占领土城子【今大连附近】，22日占领旅顺，辽东半岛几乎全境陷落。日军海军更是顺风顺水，一路猛进，1895年1月17日占领威海卫，定远舰弹尽，管带刘步蟾自杀，一些主降派的军官推举丁汝昌谈判投降事宜，丁汝昌断然拒绝投降，选择自杀。主降派又推镇远舰管事杨用霖出面主持投降事宜，杨用霖认为这是对北洋水师的极大侮辱，宁死不降，在无力交战的情况下同样选择了自杀。丁汝昌死后，有人托丁汝昌之名，由汉奸牛昶昞与日军伊东祐亨签订了《威海降约》，刘公岛海军全部投降，包括基地在内的所有物资和军械，悉数交给了日军。战争打

黄海海战

自 1894 年 7 月 25 日从辽宁大东沟开
战，日本突袭清朝舰队，至 1895 年 1 月
20 日威海水域最后一役，北洋水师战败。
日本趁机占领台湾、澎湖列岛、琉球群岛
和朝鲜半岛、辽东半岛

了近半年，终于以北洋水师全军覆没而告终。随后，日军占领辽东半岛、
澎湖列岛、朝鲜半岛。可谓损兵失地，大清国体受损，脸面丢尽。这时，
李鸿章和慈禧都派上了用场，李鸿章奉懿旨到日本下关小镇谈判战后赔偿
之事，慈禧则忙着张罗她的六十大寿。

　　李鸿章在下关与日本外相陆奥宗光进行了艰苦的谈判，最终签下了《马
关条约》。这期间，沙俄看到日本占领了辽东半岛，尤其是占领了旅顺港，
极大损伤了沙俄的利益和将来的战略意图，于是，联合法国、德国对日本
占领辽东半岛一事公开进行干预，三国一致要求日本从辽东半岛撤军，否
则俄国将出兵对日宣战。日本刚刚进行了战争，已经无力再组织军队同俄
军作战，只好撤军，并要求清政府赔款三千万两白银。清政府此时已经没
有不答应的理由了。就这样，在俄、法、德三国干预下，日本归还了辽东
半岛。

　　1895 年，重阳节当天孙中山在广州发动武装起义，起义以失败告
终，陆皓东被处死。

《马关条约》签订后，清政府赔给日本政府两亿两白银的战争损失，这样，总共赔偿日本两亿三千万两白银。当时清王朝年税银不过七千万两，哪里有钱赔给日本？最终，还是俄国人出面，答应借钱给中国。而俄国也是捉襟见肘，便联合法国，共同借款给中国。借款总额为四亿法郎，约一亿金卢布【折合中国白银约一亿两】，由四家俄国银行与六家法国银行分摊，年息四厘，因贷款数额较大，折扣九四又八分之一【94.125%】，分36年还清，以中国国家关税作担保。到期若不能偿还应付本息，应向俄国提供别项收入加保。

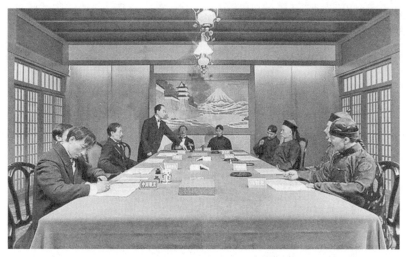

《马关条约》谈判现场复原

李鸿章率团到日本下关小镇与伊藤博文、陆奥宗光等进行长达三个月的艰难谈判，最终签订了丧权辱国的《马关条约》（1945年日本战败废止），赔偿日本战争损失两万万两白银，让日本一下子成了战争暴发户，也由此尝到了战争的甜头，致使日本军国主义战争成性。甲午战争是亚洲格局的转折点，由此日本成了亚洲霸主

1895年4月17日，清政府与日本政府签订《马关条约》，标志着中日甲午战争的结束。

中日馬關新約

第一款

中國認明朝鮮國確為完全無缺之獨立自主故凡有
虧損獨立自主體制卽如該國向中國所修貢獻典禮
等嗣後全行廢絕

第二款

中國將管理下開地方之權並該地方所有堡壘軍
器工廠及一切屬公物件永遠讓與日本

一下開劃界以內之奉天省南邊地方從鴨綠江口
溯該江以抵安平河口又從該河口劃至鳳凰城
海城及營口而止畫成折線以南地方所有前開
各城市邑皆包括在劃界線內該線抵營口之遼
河後卽順流至海口止彼此以河中心為分界
遼東灣東岸及黃海北岸在奉天省所屬諸島嶼
亦一併在所讓境內

二臺灣全島及所有附屬各島嶼

三澎湖列島卽英國格林尼次東經百十九度起至
百二十度止及北緯二十三度起至二十四度之
間諸島嶼

《马关条约》文本（部分）

甲午海战使中日之间强弱地位一下子就进行了转换，日本顿时成为亚洲的中心国，中国沦为弱国。甲午海战失利后，清王朝改变了治国方略和外交政策，朝野上下一致认为日本不可靠，日本人有亡我之心，不仅仅是李鸿章，就连两江总督刘坤一，湖广总督张之洞等举足轻重的权臣，过去主张与日本修好，都转而主张"远交近攻"，与俄订约。于是，以慈禧为首的清王朝，最终选择了"以夷制夷"的策略，决定"联俄抗日。"这也为中东铁路的诞生奠定了政治基础。

1895 年 5 月 2 日，康有为联合在北京参加会试的举人，联名上书光绪皇帝，史称"公车上书"。

第三章　沙俄帝国的远东战略

横跨欧亚大陆，以双头鹰为图腾标识的俄罗斯帝国，本性就是扩张，尤其是对于远东地区和毗邻远东的中国及朝鲜半岛，早就有所图谋，计划将远东本属于中国的土地纳归俄国，并在"白色俄罗斯"之外，建立一个由黄皮肤人种构成的"黄色俄罗斯"。更重要的是，沙俄看到了一天天强大起来的日本，同样觊觎中国东北，一旦让日本登上中国东北大陆，对沙俄的远东战略和"黄色俄罗斯"计划将是一个致命的打击。为此，早在 1856 年，沙俄便加紧控制远东地区，并将鄂霍茨克区舰队改编为西伯利亚舰队。不久，又更名为太平洋舰队，舰队司令部驻扎在海参崴。

1862 年以前，海参崴为清王朝吉林将军辖地。1862 年，一位哥萨克匪徒的名字永远刻在海参崴的

俄罗斯双头鹰

海参崴

　　来自满汉混合语。海参是汉语，崴子为满语，意为"拐弯的地方"或"窝形之地"，比如水崴子、山崴子，就是水湾子和山弯子、山窝子。海参崴就是产海参的海湾子，原是海边的渔村和晒网场。从清中叶开始，闯关东的直、鲁两省（河北、山东）到这里来定居，沿袭满族人的称法，把这里叫做"崴子"，山东人的"跑崴子"指的就是这里。当时，很多跑崴子的人误认为这里盛产海参，多半到这里来采海参，所以称之为"海参崴"或"海参崴子"。

　　1862 年美国正处于内战之中，美国总统林肯颁布《宅地法》和《解放黑人奴隶宣言》。

土地上，这个人就是马可罗波。他用穆拉维约夫占领海兰泡的方式占领了海参崴。从此，沙俄便把这里更名为符拉迪沃斯托克，意为"控制东方"或"征服东方"。这个持金杖的双头鹰，一只鹰头窥视欧洲，一只鹰头对东方大陆有着强烈的占有欲。海参崴对俄罗斯来说，是控制东方的支点，战略位置十分重要，而其太平洋舰队又驻扎在这里，这就让沙俄政府对这里不惜血本。可海参崴军港有着先天不足，每年有长达三个月的结冰期，这对一个庞大的舰队来说，补给就是个大难题。没有后方接济，太平洋舰队就会成为一支海上孤军。这一点，俄罗斯是很清楚的。于是，俄罗斯将目光锁定在了中国渤海的大连湾，即旅顺口。这也是沙俄西伯利亚大铁路千方百计要经过中国的原因。最主要目的不在于经过中国，而是要在中东铁路线上修一条南支线，把铁路修到旅顺口，把太平洋舰队从海参崴移驻到不冻港旅顺口，把战略触觉直伸到中国东北的最南端，占领中国东北，用俄罗斯财政大臣维特的话说叫"括远东于一气"，既可以牵制日本，又可以虎视朝鲜半岛。

维特（1849~1915）

全名谢尔盖·尤利耶维奇·维特，出身于俄国世袭的贵族家庭，1892—1903任财政大臣。他在任期内大力推行发展资本主义的政策，着手全面的经济改革，为推动俄国工业化进程立下了汗马功劳。

太平洋舰队【十月革命后也称"红旗舰队"】是俄罗斯仅次于波罗的海舰队的第二大舰队。1731年始建于鄂霍茨克海峡，至1799年，仅剩数艘护航舰。1850年移到阿穆尔河畔尼古拉耶夫斯克，1871年移到海参崴。1856年该舰队被改名为"西伯利亚舰队"。1866年后，日俄关系恶化，沙俄将波罗地海舰队部分军舰调往西伯利亚，组成太平洋舰队。

1862年1月，太平天国第二次进军上海；5月，太平天国英王陈玉成被捕。

此时的沙俄帝国，扩建太平洋舰队的目的十分明确，就是遏制日本帝国的野心。如果日本登陆亚洲，将极大威胁到沙俄的远东利益。日本已经是沙俄帝国的心头之患，如何抵制日本势力北上亚洲大陆，已经是沙俄迫在眉睫要解决的战略问题。

这里有一个颇耐深思的历史问题，即日本北上战略，防的是俄罗斯；俄罗斯的南下战略，针对的是日本。夹在日俄中间的中国，是摆在两国之间的一块肥肉，只是由谁来吃的问题，根本都没有把中国政府当一回事。曾经的天朝大国孱弱到了什么程度，已经可想而知了。

俄国的战略意图很明显，一是补给并加强远东太平洋舰队，以控制远东大陆和北太平洋；二是遏制日本登上亚洲大陆的野心，只要遏制了日本，就可以控制中国东北和朝鲜半岛；三是在美英等国势力移向亚洲大陆的时候，要有步骤地实施"建立黄色俄罗斯"计划，并成为亚洲大陆的主角；四是如何将中国东北大片土地和远东西伯利亚紧密联系在一起，"扩远东于一气"，并最终纳入俄罗斯版图。实现这些战略意图，就需要有一条大铁路。为此，沙俄王储尼古拉二世曾亲自视察远东，从布拉格维申斯克【海兰泡】、哈巴罗夫斯克【伯力】、乌苏里斯克【双城子】到符拉迪沃斯托克【海参崴】，并多次接见远东太平洋舰队司令官。

<hr />

尼古拉·亚历山德罗维奇·罗曼诺夫（1868~1918）
1894年—1917年在位，是俄罗斯罗曼诺夫王朝的最后一位沙皇。他对外扩张、对内改革皆不尽人意。1905年旅顺被日本攻克之后，首都圣彼得堡发生"流血星期日"事件，引发了俄国1905年革命。一战爆发，俄国军队在前线损兵折将的消息彻底摧毁了皇帝亲民形象，反抗浪潮此起彼伏。1917年十月革命后，尼古拉二世一家被羁押在叶卡捷琳堡，后被杀害，尸体被焚烧。

1866年，日俄两国关系恶化。

西伯利亚大铁路

西伯利亚大铁路

　　西伯利亚大铁路（Trans-Siberian Railway）是横贯俄罗斯东西的铁路干线。以莫斯科为起点，符拉迪沃斯托克（海参崴）为终点。总长9,332公里，是目前世界上最长的铁路

西伯利亚大铁路远东段

　　为了控制东方，1862年以后，沙俄将远东海军扩充为"北太平洋舰队"（也称"太平洋舰队"）移驻海参崴水域。随后，西伯利亚大铁路方案也于1865年始正式立项论证，1872年获得通过。1890年，历时25年，沙皇亚力山大三世正式下达命令，西伯利亚大铁路从最东端的符拉迪沃斯托克动工兴建，1891年，作为王储的尼古拉二世亲临符拉迪沃斯托克主持动工仪式

　　1866年2月，清政府派前知县斌椿及同文馆学生凤仪、德明、彦慧等人出国考察。

出于上述战略考量，沙俄把战略目光盯在远东和太平洋，为了控制东方，补给太平洋舰队，沙俄需要一条从莫斯科到符拉迪沃斯托克的远距离大铁路，沙俄命名为西伯利亚大铁路。修这样一条近一万公里的大铁路，不仅需要巨额资金，更需要实力。为了尽快修通这条通往海参崴的大铁路，沙俄急需要修一条过境中国的南支线。沙俄的情报系统和俄国政府的灵敏嗅觉，已经察觉到日本就要对远东下手，日俄之间的战争已经不可避免，而且是箭在弦上，一触即发，一定要抢在日俄开战前将铁路修通；二是经过中国，动员中国政府介入参股，也可以弥补资金的不足。沙俄在修筑西伯利亚大铁路的同时，急于修筑中东铁路，就是为了实现对内开发、对外占领的远东双向战略。两条铁路是两把插向远东的利剑，一是【西伯利亚大铁路】实现远东和西伯利亚地区的开发，一是【中东铁路】实现对外扩张。

如何向中国开口，沙俄在等待时机。而日本发动的中日甲午海战，无疑将中国的外交倾向推向俄罗斯，给俄罗斯修筑西伯利亚大铁路中国过境段【南支线】创造了难得的机遇。是日本的野心，碰撞了俄国的野心，催生了《中俄密约》的诞生，并促使中东铁路的诞生和加速修筑。

不管出于什么目的，西伯利亚大铁路的战略地位都不会改变。

太平洋舰队

    俄罗斯海军太平洋舰队，全称为"荣膺红旗勋章的太平洋舰队"，简称为"太平洋舰队"，是俄罗斯海军的一部分，部署在俄罗斯东部太平洋沿岸，任务是保护苏联及后来俄罗斯的东亚边界。

1866 年 1 月 21 日，日本萨长同盟成立。

第四章 秘而不宣的《中俄密约》

李鸿章率继子李经方等一行人于 1896 年 4 月初，带着《马关条约》留下的耻辱和阴影离开了上海港码头，取道德国，远赴俄罗斯，参加沙皇王储尼古拉二世登基加冕典礼。临行前，慈禧太后私下里召见了李鸿章，要他到俄罗斯见机行事，争取利用俄国的力量遏制日本，并密授"联络西洋，牵制东洋"的八字方针。就是这八个字，决定了中东铁路的诞生。

图为举行加冕典礼时的沙俄末代沙皇尼古拉二世。"沙皇"一词中的"沙"来自拉丁语"凯撒"，意为"国王"或"大皇帝"，中文翻译时半音译、半意译，就译成了"沙皇"，意思为"皇帝"或"大皇帝"

此时的俄罗斯，正在为西伯利亚大铁路发愁。李鸿章的到来，无疑是雪中送炭，给沙皇政府一个下赌本的机会。俄国打定主意，要在李鸿章身上下个大大的赌注，这也是俄国政府指名要李鸿章率团参加尼古拉二世加冕典礼的主要原因所在。当然，李鸿章当时在国际政坛上的知名度也算是一个不小的因素。

可以说，西伯利亚大铁路是俄罗斯君臣的心头重结。

1891 年春，沙俄内阁御前会议决定修筑一条大铁路，为了远东和太平洋舰队。从设计的距离上来看，这条铁路全长为

1896 年 10 月，清朝直隶总督兼北洋大臣王文韶向朝廷递交了《奏为拟设立铁路学堂所需经费在火车脚价等项下酌加应用事》的奏折，而后山海关北洋铁路官学堂成立。

9332 公里，将是世界上最长的一条铁路。从莫斯科到海参崴，几乎接近一万公里。这对于俄罗斯的财政来说，是一件不容易的事情。于是，他们把目光锁定了中国。

中国对俄罗斯来说，不仅战略意义很重要，更可以利用广袤的土地和丰富的资源，必要的时候，可以从中国直接获取土地。其修筑中东铁路到旅顺口的直接目的就在于此。此时，西伯利亚大铁路的西段已经铺完，从莫斯科一路向东铺开 2000 多公里，穿越乌拉尔山抵达节点城市车里亚宾斯克。接下来抵达海参崴的 7400 多公里的路程不仅耗资，更要耗时耗力。此时日俄之间战争气氛浓烈。俄国为了赢得时间，尽快利用这条大铁路，急需要补修一条过境中国的南支线，即中东铁路。可以说，中东铁路对俄国来说，是战争制胜的急救章，甚至是一个重要的砝码。

关于西伯利亚大铁路至海参崴走向，沙俄政府提出了三种主要方案：第一方案，按原定计划，由赤塔沿黑龙江北岸曲折前进，到哈巴罗夫斯克【伯力】之后，再沿乌苏里江东岸南下，经乌苏里斯克【双城子】，直至符拉迪沃斯托克【海参崴】；第二方案，由乌兰乌德向西南，过外蒙古乌兰巴托，一路向东南进入中国，经恰克图至乌兰察布、张家口，再经过北京，过山海关入东北出境达海参崴；第三方案，从赤塔穿过中国东北，经海拉尔、昂昂溪、再穿越东部山区，从绥芬河出境直达乌苏里斯克，最终达海参崴。

三个方案，有两个方案是过境中国，可见俄国对这条大铁路的用心。前两个方案俄罗斯许多大臣都认为不可行，沿黑龙江北岸绕行，是俄政府不情愿的，况且是原来的计划，用不着下这么大功夫来和中国商谈。第二方案，是中国政府不同意的。这其中持反对意见的就有李鸿章，清王朝最担心的是，一旦火车运送军队，就可以直达北京，北京就在俄国人控制之下了，俄国就可以不战而胜。

1896 年 6 月，清朝政府同俄国签订《中俄密约》。

受甲午海战失利阴影影响，清王朝看清日本政府的野心，"联俄抗日"思想抬头。1895年沙皇俄国尼古拉二世举行加冕典礼，清政府应邀由李鸿章率团赴俄

李鸿章赴俄前，慈禧密嘱八字外交策略，"联络西洋，抵制东洋"

前两种方案行不通，尤其第二方案，不要说清政府不同意，其他西方国家也会出面干预，很难实现。第三种方案，不仅施工困难少，而且能缩短700多俄里的路线，不仅省掉3500多万卢布的经费，更争取了时间。用维特的话来说，"这条铁路一旦完成，俄国在亚洲的地位就会无法撼动。"

就如何征得中国政府同意，尼古拉二世、维特和外交大臣罗勃诺夫都费尽心机，最后决定利用尼古拉二世登基典礼之机，约中国政府派团，而且指定由李鸿章为特使，率团来俄。

1896年4月30日，李鸿章经德国抵达俄罗斯首都圣彼得堡，尼古拉二世亲自接见了李鸿章，并授意财政大臣斯·尤·维特伯爵和外交大臣罗勃诺夫同李鸿章进行

1896年8月，直隶总督王文韶、湖广总督张之洞奏请设立芦汉铁路公司，并举荐津海关道盛宣怀督办。9月，铁路总公司正式设立。

筑路谈判。其实，在路经德国时，俄国银行家乌赫唐斯基热情接待了李鸿章，同时德国著名的外交大臣俾斯麦曾与他进行彻夜长谈，向他介绍了欧洲文明和欧洲对中国的态度等，这对李鸿章影响极大。李鸿章也意识到欧洲文明强于日本。俄罗斯朝臣同时以中俄之间结成防御联盟为主要切入点同李鸿章谈如何联合抵日，引起了李鸿章的极大兴趣。维特和罗勃诺夫分别以中俄同盟，俄国无私援助中国，关键时出兵抗日等为前提，然后谈到铁路，谈到铁路过境中国。如果有一条大铁路，俄国可以直接出兵中国东北，让日本帝国再不敢有所妄想。

不管怎么说，李鸿章最终还是于 1896 年 6 月 3 日在圣彼得堡与维特、罗勃诺夫签下了《中俄御敌互相援助条约》。实际上，这是一份双方结盟抗日的条约，这样一份条约是不能向国际社会公布的，因此，就成为一份秘而不宣的私下盟约，史称《中俄密约》。

《中俄密约》共六款。全文节选如下：

一八九六年六月三日，光绪二十二年四月二十二日，俄历一八九六年五月二十二日，莫斯科。

大清国大皇帝陛下暨大俄国大皇帝陛下，因欲保守东方现在和局，不使日后别国再有侵占亚洲大地之事，决计订立御敌互相援助条约……

立定条款如下：

【第四款】今俄国为将来转运俄兵御敌并接济军火、粮食，以期妥速起见，中国国家允于中国黑龙江、吉林地方接造铁路，以达海参崴。惟此项接造铁路之事，不得借端侵占中国土地，亦不得有碍大清国大皇帝应有权利，其事可由中国国家交华俄银行承办经理。至合同条款，由中国驻俄使臣与银行就近商订。

1896 年 8 月，清朝官员许景澄与华俄道胜银行董事长在柏林签订了《合办东省铁路公司合同章程》，成立中国东省铁路公司。

【第五款】俄国于第一款御敌时，可用第四款所开之铁路运兵、运粮、运军械。平常无事，俄国亦可在此铁路运过境之兵、粮，除因转运暂停外，不得借他故停留。

实际上，这是一份双方借以互相博弈的条约。

中国想结盟俄国来对付日本，而俄罗斯想利用中国的土地来完成尽快

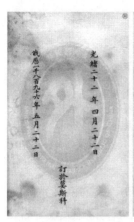

《中俄密约》

　　《中俄密约》，即俄国与清政府订立的秘密条约，1896年6月3日沙俄利用中国在中日甲午战争中战败的困境，借口"共同防御"日本。又称《防御同盟条约》

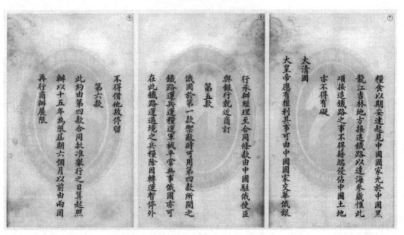

《中俄密约》部分内容

1896年9月，清政府正式设立铁路总公司，由盛宣怀督办。

修建抵达海参崴大铁路的计划。事实上，西伯利亚大铁路真正实现顺畅通车是在 1916 年，日俄战争期间，俄国最终没能完全利用上这条大铁路，主要使用的是中东铁路。

李鸿章回到北京后向慈禧汇报了《中俄密约》的签订过程，慈禧十分满意，随即派遣驻外公使许景澄赴俄进一步商谈有关勘测、征地、铺路等具体事宜。

海参崴车站

行进的列车

中东铁路最初俄国命名为"满洲铁路或西伯利亚支线铁路"，是李鸿章据理力争，坚持命名为"中国东省铁路"，简称"中东铁路"。因中俄联合成立东清公司来承建铁路，也称东清铁路

1896 年 6 月，清朝政府同俄国签订《中俄密约》。

1896 年 9 月，俄方要求以俄为主，双方共同成立一个铁路公司。中方则要求铁路公司在中国清政府境内，因铁路过境中国，是中国东省铁路，名称便叫"中国东省清国铁路公司"，俄方最后同意。东清公司又成立了专属银行来打理铁路的投资，即华俄道胜银行。驻外公使许景澄代表中方，与道胜银行董事长乌赫唐斯基以及该行总办罗特施泰因在德国柏林签订了《中俄合办东省铁路公司合同章程》【简称《中东铁路合同》】，该合同共 12 款，约定双方投资和铺路事宜，皆由该公司来完成，并在第二款规定，修筑铁路"凡勘定该铁路方向之事，应由中国政府所派总办酌派委员，同

华俄道胜银行

华俄银行

　　即华俄道胜银行，俄国和法国对中国进行殖民掠夺的金融机构。总行设在彼得堡，十月革命后改设在巴黎。1926 年停业。

　　1896 年 9 月，清政府正式设立铁路总公司，由盛宣怀督办。

该公司之营造司暨铁路所经之地方官和衷办理。惟勘定之路，所有庐墓、村庄、城市皆需设法绕越。"但在实际施工中，有许多无法绕越的，只好征地拆迁，为此，东清铁路公司与村民经常发生冲突。

东省铁路公司护路事务所

在合办章程的框架下，中国政府投资白银 500 万两，约合俄币 759.2 万卢布，已经超过了中东铁路俄方最初的投资额。按合办铁路合同章程第十二款规定，"自该公司路成开车之日

护路事务所远眺

起，以 80 年为限。所有铁路所得利益，全归该公司专得。如有亏折，该公司亦应自行弥补，中国政府不得作保。八十年限满之日，所有铁路及铁路一切产业，全归中国政府，毋庸给价。又从开车之日起，36 年后，中国政府有权可给价收回，按计所有本银，并因此路所欠债项，并利息，照数偿还。其公司所赚之利，除分给各股人外，如有盈余，应作为已归之本，在收回路价内扣除。中国政府应将价款付存俄国国家银行，然后收管此路。路成开车之日，由该公司呈缴中国政府库平银五百万两。"这一款很明确，这是一条股份制铁路，而且是中国第一条股份制铁路。中国清政府按投资比例分成，36 年后按残值中国可以有价收购，80 年后，无偿归还中国。

1896 年 8 月，清朝官员许景澄与华俄道胜银行董事长在柏林签订了《合办东省铁路公司合同章程》，成立中国东省铁路公司。

80年为限，也未免有些离谱，是两代人都看不到结果的合同年限。跟英租香港150多年，葡萄牙人租澳门400多年一样，这显然是互相博弈的条款。实际上，由于政权的更迭，并未使用到80年。当然，这是后话，是历史变迁使然，已经跟沙俄政府和清王朝没半点关系了。

更荒唐的是，铁路最初投资500万卢布，中方参股白银500万两。差不多是一半对一半。随即，按合办章程，要成立一个铁路公司，公司要售股票，按公司规定只售给华俄商人。可俄国在圣彼得堡公开售股，以5000卢布为1股，共1000股。允许俄政府购700股，余下300股由私人认购。1896年12月29日在政府公报上刊登公司招股公告，上午9时即开始售股，很多人根本就没看到，加上每股高达5000卢布，是华俄商人毫无办法认购的。结果开盘不到5分钟，就宣告结束，股票售完。实际上俄国耍了个花招，根本就没卖给俄商，余下的股份也全由俄国政府认购，转由国库在远东开发项目下支出。俄国政府才是中东铁路最大的股东。俄政府为了控制中东铁路，上演了一出售股闹剧。

这场闹剧还没完全落幕，几天后的1897年1月8日【这一天被后来的史学者称为"中东铁路诞生日"】，根据《中东铁路公司章程》，在俄国政府主持下，于首都圣彼得堡选举产生了第一届董事会，共选出6名董事，斯·伊·克尔别兹，交通工程师；普·姆·罗曼诺夫，三等文官；阿·尤·罗特什捷英【旧译罗启泰】，华俄道胜银行总经理；埃·克·齐格列尔，交通工程师；冯·沙夫高津，身份不详；耶·耶·乌赫托姆斯基【又译乌赫唐斯基】公爵，华俄道胜银行董事长；德·列·璞科第，财政大臣维特的外甥，北京中东铁路分公司负责人，也称董事会分驻所第一代办，同时兼任华俄道胜银行驻北京分行经理人、沙俄财政部驻北京代表。这些董事，有的是财政部官员，有的是银行家，有的既是铁路公司董事，又是银行董事。随

1897年8月16日，中东铁路正式开工。

即召开董事会，选举克尔别兹为副董事长。

按《合办东省铁路公司章程》，董事长【时称总办】由中方出任，而董事长只是监督性的，不参与具体事情的决策，可见是有职无权，权力全在副董事长那里。而俄方又成立了中东铁路总公司，总公司在圣彼得堡，而北京的中东铁路公司成为分公司。而在两国签订的《合同》和《章程》中，均未提及设立总公司。至此，中东铁路无论是从董事会还是管理局，所有权力全落入俄方之手。为此，董事长一职，中方一直虚设，由驻外公使许景澄兼任。西伯利亚大铁路支线最初有三种方案【1900年，许景澄被慈禧处死后，中方长期没有补这个缺位，实际上是俄方全面控制中东铁路】，一切都由铁路代办许景澄打理，而许景澄又受制于李鸿章和慈禧。中国在中东铁路公司参股500万两白银，但董事会中却没有一个中方董事，可见中国实际上并没有中东铁路的控制权。

沙俄修筑中东铁路接济太平洋舰队和控制远东仅仅是一个方面，他们更看好的是旅顺不冻港。太平洋舰队驻守海参崴阿穆尔湾并不理想，一年有三个月的结冰期，迫使他们不得不把舰船停泊在离结冰层较远的地方，每到冬天，接济和补充给养都相当困难。驻扎旅顺港，既可以控制中国东北和朝鲜半岛，又可以抵御日本，更可以解决

张荫桓（1837~1900）

字樵野。大清状元翁同龢亲传弟子，科考连年落榜，后出钱买个知县，后几经升迁。光绪八年(1882)，迁按察使，赏三品京堂，命值总理各国事务衙门，累迁户部左侍郎。中日甲午战争中曾与邵友濂为全权大臣赴日谈判。1898年3月，协助李鸿章与俄国签订《旅大租地条约》。戊戌变法时，调任管理京师矿务、铁路总局。曾多年驻欧美，了解西方，倾向变法，将康有为等人介绍给皇帝老师翁同龢，并得光绪帝七次私下召见。变法失败后遭弹劾，充军新疆，效力赎罪。1900年，八国联军攻入北京，慈禧迁怒主管外交的官员工作不力，下懿旨将张荫桓处死于乌鲁木齐。

太平洋舰队冬季补给，可谓一箭三雕。于是，几经谈判，最终于 1897 年，又签下了《旅大租地条约》和《旅大租地续约》，这两个条约是受李鸿章委托，由朝廷主管外交事务的大臣张荫桓来谈判完成的，据说，张荫桓接受了俄国人 15 万金卢布的贿赂，这也是捕风捉影之说，时隔百年，查无对证。租了地，就要修军港，筑要塞。有了军港要塞，就需要有铁路。

　　1898 年 7 月 6 日，由驻外公使许景澄、杨儒在圣彼德堡同俄国外交官罗拔诺夫和财政大臣维特签下了《中俄续订东省铁路支线合同》【简称《中东铁路支线合同》】，这为中东铁路一纵一横框架完成了最后的法律文本，于是有了一条哈尔滨至旅顺的中东铁路南支线。按维特的想法，还想修一条至安东【今辽宁丹东】黄海的支线，李鸿章没有同意。俄国人最想得到的就是一条过境中国的铁路和大连不冻港，有了这两个支点，他就可以完全控制中国东北，进而控制远东和亚洲大陆。尽管清王朝没允许，进驻旅顺口后，俄方还是断断续续开始修筑安奉铁路，即从安东到沈阳的铁路。俄国人未及修完，日俄战争爆发，铁路落入日本人之手，由日本人很快完成了安奉线。

旅大租地条约

　　1898 年 3 月初，在《中俄密约》的框架下，李鸿章和张荫桓又共同与俄方签下了《中俄旅大租地条约》。同年 5 月，许景澄又在彼得堡与俄方签下了《中俄续订旅大租地条约》（又称《旅大租地续约》），决定了哈尔滨至旅顺南支线铁路的诞生，为一纵一横"丁"字形大铁路完成了最后的法律文本。

　　1898 年 8 月 1 日，中东铁路第一号轮船在伊曼安装完毕，开航松花江。

第五章 最长的历史惊叹号——西伯利亚大铁路

中东铁路是西伯利亚大铁路的支线。

西伯利亚大铁路是世界上最长的铁路，全长 9288 公里，横跨欧亚大陆，西起莫斯科，东到符拉迪沃斯托克【海参崴】，途经梁赞、萨马拉、叶卡捷琳堡、车里雅宾斯克、鄂穆斯克、新西伯利亚、伊尔库斯克、乌兰乌德、赤塔、布拉格维申斯克北侧、共青城【早期走北线绕行，20 世纪 20 年代初新生的红色苏联铺设南线经布拉格维申斯克附近和沃斯博德内】、哈巴罗夫斯克【伯力】、乌苏里斯克【双城子】最终抵达符拉迪沃斯托克。如今，海参崴火车站内立有"9288 纪念碑"。在 19 世纪末，机械力量还不发达，更多依靠肩扛人拉的时代，能修筑这样一条大铁路，不能不令人惊叹，也不能不说是铁路建设史上的奇迹。

从 16 世纪开始，沙俄的扩张略土政策，使之不断向东扩进。而那时的中国，正是强大的明王朝不断北伐的时代。可明王朝端坐中原，并无扩土略地意识。中原气候适宜，山水清丽，物产丰饶，把北部和东北一向视为荒凉绝塞之地。直到清初，都把这一带当成是惩治人犯的流放地，认为不适宜生存，因而并未把这一大片土地放在眼里。这使得俄罗斯跑马占荒式地向东略土，且不费吹灰之力【无人与之竞争】，很快占有了 1200 多万平方公里的土地，几乎占亚洲的三分之一。让大明王朝想不到的是，这里多是森林和草原，土地肥沃，且有着丰富的矿产资源，以至于后来人们发

1898 年，清政府与俄方先后签订《中俄旅大租地条约》及《旅大租地续约》。

现这里的丰饶之后，禁不住扼腕长叹，把这里看作是"金不换"的宝地。那个时代，尽管沙俄占了这块广袤的土地，因为自然条件恶劣，也只是跑马占荒，难以得到开发，三百多年来，沙皇俄国同样只把西伯利亚当作遣送人犯的流放地，1897年，列宁就曾被流放到西伯利亚东部地区的荒凉之地，在一个小村里艰苦务农。

占有如此一大片蛮荒之地，且有土无人，人们都怀疑俄国的开发能力，甚至认为俄国最终会放弃这块土地。在这里，森林矿产及各种物藏相当丰富，可也伴随着湿地、沼泽、冻土、湖泊等恶劣的自然环境，开发这样的土地，很可能会让俄国国力耗尽。

19世纪末，受西欧英法等国工业革命的影响，俄国进入了工业化时代，原本落后的国内经济也一时出现好转，沙皇俄国开始重视西伯利亚的开发问题。更重要的是，美国、德国、英国、日本都强势关注远东这块土地。远东是东亚及东北亚地区的核心，其战略地位越来越明显，这迫使俄罗斯不得不加强远东太平洋舰队，加强远东地区的战略构架，修一条西伯利亚大铁路的战略需求也越来越凸显出来。

能否在复杂的地理条件下完成西伯利亚大铁路，沙俄政府自身也极为慎重。几乎从19世纪中叶就开始立项，进行勘察论证。由于受当时国力和技术力量所限，论证了几十年，方案也未能最后敲定，更是迟迟没能动工。1890年，沙皇亚历山大三世【亚历山德罗维奇（1845~1894），1881—1894年在位，亚历山大二世次子】正式颁布命令，决定首先从东端的海参崴动工。1891年5月，正在远东游历的尼古拉二世亲临海参崴主持了西伯利亚大铁路的奠基仪式。1892年7月便正式破土动工。而此时的西端，也从车里雅宾斯克往东修筑，穿过乌拉尔山，直取贝加尔湖南端的伊尔库斯克。如此大的工程，又出于远东战略利益，必须倾尽全力，高度重视，沙俄政府于动工之

1891年6月，清政府北洋舰队启程访问日本。

初就成立了"西伯利亚大铁路特别
管理委员会",由尼古拉二世亲自
担任该委员会主席。

修筑西伯利亚大铁路的难度,
非常人可以想见。穿过森林草原和
贝加尔湖周边的湿地沼泽,冬日最
低温度可达零下 40 摄氏度以下,而
夏季森林闷热,也会出现零上 40 摄
氏度以上的高温。这对施工人员是
一个严峻的考验,尤其冬天穿越冻
土层,夏日穿越沼泽地,几乎是与
死亡较量,在机械尚不发达的时代,
修成一条近一万公里的大铁路,其
难度可想而知。

亚历山大三世

在《中俄密约》签订前夕,西端已经修到上乌丁斯克【一说下乌丁斯克】,
并且绕贝加尔湖南端部分路段也从伊尔库斯克铺到乌兰乌德,乌兰乌德是
这条大铁路的节点。东端已经修到乌苏里斯克,出于战略考虑,急需要修
一条支线铁路过境中国进行对接。同时,西伯利亚大铁路仍按原有方案继
续向前铺设。

既然有了中东铁路,取直线过境中国,俄国为什么还要按原方案继续
修筑西伯利亚大铁路?岂不是多此一举吗?像这样的重复投资有必要吗?
很多人都会发出这种疑问。只要我们稍加分析,就能看穿俄罗斯在西伯利
亚大铁路之外另修过境中国的中东铁路的真实目的。前文已经简略讲过,
此时的日本,已经紧锣密鼓地准备登上亚洲大陆,一旦登上亚洲大陆满蒙

1896 年 6 月,清朝政府同俄国签订《中俄密约》。

土地，实施长期占领，这无疑会打击俄罗斯南下战略。用维特的话说，过境中国，或可以缩短距离，节省时间，以达到帮助中国御日的目的。其实，如果没有日本北上战略，俄国也会找别的理由修一条过境中国的大铁路，最重要的是利益，战略利益。并非像一些史学者说的那样简单，是为了殖民和掠夺资源，那是太小瞧俄国了。控制中国东北，占有旅顺港来驻扎他的军舰。拥有了这块土地，资源还是问题吗？所以才不惜血本重复投资。只要他控制了中国东北，就限制了日本帝国势力的北上，更可以括朝鲜半岛于势力范围内，一箭三雕。其余一切都是借口。是日本帝国的野心和甲午战争，给俄国修过境中国的中东铁路找到了一个合理借口并创造了最好的机会。俄国政府打出的最有说服力的一张外交牌就是"帮助中国御日"。正是这张牌，征服了李鸿章和慈禧。

原来如此！

西伯利亚大铁路，是写在历史上的最长的惊叹号，是历史写在大地上最长的惊叹号。不仅仅是个惊叹号，更是沙俄政府向远东扩张的一把利剑！

沙俄政府终于有了充分理由，为了抵御日本可能再一次发生对中国的海上和陆地攻击，俄军要在中国驻军了。于中东铁路南支线动工之初的1897年11月，俄军匆匆忙忙将太平洋舰队的主力战舰移驻到大连陶家湾，也就是今天的旅顺军港。正是这支部队，1900年八国联军进北京时率先攻进北京，五年后的1905年又被日本终结在旅顺口。

中东铁路各项法律文本签订之后，修筑铁路就紧锣密鼓地提到了首要日程。俄国政府一面加紧派员到中国东北勘测，一面边勘测边组织施工，当然是由武装护卫的勘测队和施工队。与此同时，俄国政府同时加紧按原方案施工西伯利亚大铁路。如此大面积施工，对俄国这个地广人稀的国家来说，工人自然是到中国来招募。包括西伯利亚大铁路在内，几乎都是中

1900年，江东六十四屯居民、海兰泡华民先后惨遭沙俄军队屠戮。

国劳工来完成的。

中东铁路南支线，从哈尔滨到大连旅顺口，更没有理由和西伯利亚大铁路联系起来，也跟缩短距离和工期毫无关系。俄国政府表面的借口，就是帮助中国御日，就是为了补给移驻的太平洋舰队，实际上，是俄军控制东方的一个战略步骤。拥有朝鲜北部水域、大连港，加上阿穆尔湾，俄国的太平洋舰队具有了三个有力的战略支点。用外交辞令来说，中东铁路是一条俄国人帮助中国抗日路，《中俄密约》写得很明白，实际上是怎么回事，司马昭之心，路人皆知，相信这一点，清王朝的满朝文武也不会不明白。清王朝到了这一步，弱不禁风，剩下的也只有无可奈何。

俄国人把目光锁定大连湾，尤其是旅顺口，就因为这里优势独特。这里是不冻港，且有两座山为屏障，有门户之势，沙俄看重了大连湾的旅顺口，就是这门户之势，进可以攻，退可以守，是最佳的天然军港。可俄军没想到，就是这两山门户，后来成为俄海军的噩梦，日军联合舰队用锁岳战术，封锁两山，关门打狗，把俄驻旅顺海军困入绝境，最终全军覆灭。

当然，俄罗斯也有另外一个担忧，那就是清政府的可靠程度，一旦清政府变脸，这些战舰很可能就会失去后援或干脆陷入困境。尽管清政府在甲午海战惨败之后失掉了最庞大的北洋水师，可清政府在福建一带仍旧有水师、有舰队，尽管规模远远小于北洋水师，且远水不解近渴，但谁敢保证不会发生不测之事？况且清政府在东北还有近10万军队。于是，沙俄政府在国内动员一切社会力量，再一次从法国银行贷款，并动员远东一带的所有俄罗斯人和哥萨克人，同华人劳工一道，只要拿得动镐和铁锨的，统统都到筑路工地去，昼夜抢铺西伯利亚大铁路。俄国人担心一旦同日本开战，仅有修筑在中国土地上的铁路是不够的，一旦中国政府反对，受国际法限制，很可能用不上，只有在自己国土上的铁路才会随心所欲。

1901年，八国联军攻入北京后，清政府被迫与各国签订《辛丑条约》，中国已完全沦为半殖民地半封建社会。

旅顺炮台

旅顺口

　　1904年2月，清朝外务部宣布中国对日俄战争"严守局外"的中立态度。

日俄战争

　　事实上，俄国政府是有预见的。他们清楚，为了中东铁路，他们与清政府签下的几个条约，都不是对等的。尽管清政府为了"得一强援"而无奈签下若干合同，可骨子里，也一定会防备俄国有所图谋的。一旦时局有变，清政府很可能会重新算这笔账。俄国人料得明白，想得周到，只可惜还是动作慢了一些。战争比俄国人预计的早了近半年，俄国人预计最早不会超过1904年的秋天。由于中东铁路开始通车，日本感觉到俄国的势力已经到了中国东北，再不下手就来不及了。

　　1904年2月，日俄战争打响后，沙俄紧急从后贝加尔军区及阿穆尔军区调运陆军增援旅顺口。两国开始大量增兵，尤其是陆军。这时候，俄国政府开始用铁路运兵，可清政府宣布中立，不可能给俄军提供补给，但允许随意使用中东铁路。俄国将中东铁路所有货物停运，昼夜运兵和军需物资，只可惜，中东铁路运力有限。而此时西伯利亚大铁路也在昼夜施工中匆匆忙忙通了车，环贝加尔湖段近100公里并未修好，匆忙通车，只好用

1904年7月13日，俄国西伯利亚铁路竣工通车。

华人劳工

1904年6月1日，青岛至济南的胶济铁路通车。

轮渡对接火车，到了这年冬天，又在冰面上架铺了临时铁路，为的是满足战争需求。如果西伯利亚全线贯通，俄军在远东的劣势就会彻底扭转，日本想战胜俄国，根本没有可能性。可以说，西伯利亚大铁路不仅是世界铁路史上的奇迹，也是俄国通往远东的交通大动脉，更是决定胜负攸关的战略支撑线。日俄战争期间，尽管这条铁路还没完全贯通，也还是通过这条大铁路和过境中国的中东铁路，在短时间内将大批俄军和战略物资源源不断运到前线，最终在总兵力上超过日本，在奉天会战中，挽回了局部战争的败局，没有使被包围的俄军全军覆灭。

西伯利亚大铁路于 1904 年 7 月 13 日正式通车，从 1891 年始，历时13 年，而收尾工程直到 1916 年才结束，耗资近 16 亿卢布，比同期的军费还高。西伯利亚大铁路的施工难度大，动用劳动力多，且大多是用华人劳工。铁路公司多次到中国山东、河北、河南及东北来招募工人，总计招募40 多万华人劳工，其中 17 万留在中东铁路线上，其余皆赴西伯利亚大铁路的东段施工，东段最艰难的桥梁、隧道，几乎都是华人劳工完成的。为了尽快抢通这条大铁路，无数华人劳工命丧在道枕上，用列宁的话说："每一根道枕都枕着华人劳工的冤魂。" 可以说，西伯利亚大铁路也是用中国劳工的血汗筑成的。

西伯利亚大铁路改变了远东格局，拉近沙俄远东地区和莫斯科的距离，远东资源不断得到开发利用。人口也日益增多，由铁路修建之初的 280 多万人，到 1914 年铁路通车后猛增至 960 多万人，西伯利亚地区一下子就成为俄国的农牧业基地。远东已经牢牢掌控在俄国人手中。最重要的是，自西伯利亚大铁路通车以来，中国东北门户大开，成为中国必须要重视的战略要地，并时时牵动着中国军队的神经，让中国的边关将士枕戈待旦。

西伯利亚大铁路，是历史铺开的长长的警世惊叹号！

1914 年 6 月，第一次世界大战爆发。

第六章　坚硬的铁轨伸向中国东北大地

1897 年秋天，中东铁路方案一经敲定，为了抢工期，采取了一边勘测一边组织施工的办法加紧施工。从绥芬河到满洲里，从哈尔滨到旅顺口，数千里的中东铁路线上响起了施工的号子和叮叮当当的铁锤声。中东铁路主线长约 1479.3 公里，南支线长 1009.9 公里，聚集了华人劳工 17 万之多，同时还有 1 万多俄罗斯方面的技术工人和工程技术人员。从绥芬河到满洲里共分 13 个工区，南支线共分 7 个工区，总计 20 个工区。在中国人还不知道铁路为何物的时候，两条冰冷的铁路已经坚硬地从边境伸向中国东北大地。

开工前的祈福仪式

1897 年 8 月 16 日，中东铁路开始动工。

开工庆典全景　　　　　　　　　　　　　许景澄与各方来宾代表合影

1897 年 8 月 28 日，在中国边境的小绥芬河【今瑚布图河，绥芬河支流】岸边宁古塔副都统所设招垦总局办公地三岔口【今属东宁县三岔口镇，初设东宁县时为县城，后来县城移东宁镇，这里是东宁县一个镇，今为国家对俄陆路口岸】举行了隆重的奠基典礼，俄方的乌苏里铁路局局长兼中东铁路建设局局长霍尔瓦特、总工程师尤戈维奇，中方的吉林、黑龙江两省将军，中东铁路中方代办许景澄【1900 年许景澄被斩后这一职位一直空缺，直到 1920 年北洋政府才派员接任这一职务】、绥芬河海关总理保麟及当地官员都参加了开工典礼仪式，场面极为隆重热闹，典礼仪式后还举行了盛大酒宴。同时，在俄国技术人员指导下，修筑了两公里的示范路基。中俄双方典礼官员为这两公里路基剪了彩。

剪彩过后，总工程师尤戈维奇到三岔口周边及铁路沿线考察地形，骑马赴穆棱途中就发现了问题，铁路要穿越东宁境内的太平岭十八盘，山势险峻，施工难度太大，很可能要凿大量隧道，按当时的技术水平和施工能力，是不可取的。他当即向刚刚成立的中东铁路建设局官员汇报，并会同勘测人员，共同修改了经行线路，向北移到了 30 多公里的天长山脚下，

1897 年 11 月，德国强占胶州湾。

绕开了太平岭十八盘。最初入境站名绥芬河并未随之改变，仍叫绥芬河，就是今天的绥芬河站。按当时从海参崴到绥芬河停站次数，绥芬河也称五站。

俄军司令部

站上随即迁来许多俄国人、商人和驻军，已经有了一个小城的模样，俄国人给它起了个好听的名字——边城。俄语为"布格拉尼其内亚"，与俄国边城对应的小城同名，都是边境的小城。铁路通车后，俄方为了纪念铁路上的一位工程师，将其境内的小镇改为"格罗杰科沃"，而中国人一直称中国境内的小城为绥芬河。最初绥芬河小城外国商团和公使较多，每个商团和公使门前都竖有若干旗帜，远远看去是一片旗的城镇，当地百姓也称其为"旗镇"。

中东铁路勘测时，许多当地百姓还不知道铁路为何物，每天看到拿着水平勘测仪、扛着毛瑟枪的红发碧眼俄国人出现在他们面前时，都有一股莫名的恐慌。恐慌归恐慌，当人们意识到这些外国人要来修铁路，要占用他们的土地和田园的时候，强悍的东北人就会毫不

1896年冬天，中东铁路开始勘测。沙俄即派勘测队，为了抢工期，一边勘测，一边施工。为俄国勘测人员能够顺利入境，清政府为他们发放了护照。图为清政府为俄国入境人员发放的护照

1898年6月，清光绪皇帝颁布《明定国是诏》，百日维新（戊戌变法）开始。

犹豫地为保护家园站出来据理力争。为此，发生不少矛盾冲突，主干线和南支线都曾发生过流血打斗。以至于俄国武装勘测打桩时，与村民冲突到白热化，甚至导致开枪，酿成血案，弄得清王朝地方官员不得不出来调停。这些矛盾冲突，有不少是赔偿不合理造成的，可俄方把持的铁路公司并不肯多赔付，清王朝只好责成地方政府给予一定的额外补贴，这些冲突才渐渐平息，也使开工顺利进行。

为了加快铁路铺设，东清铁路公司建设局于 1898 年 6 月 9 日【俄历 5 月 28 日】从海参崴迁到香坊【今哈尔滨香坊站】。这一天，被铁路公司看作是哈尔滨的城市诞生日，也是铁路纪念日。香坊是哈尔滨的前身和最早的城市中心，1900 年以后逐渐向南岗和道里发展。同时，南支线的两个工区，干线三个工区也设在哈尔滨，这就历史性地给哈尔滨带来了发展机遇。再加上哈尔滨是铁路的交叉口，这种铁路的交叉效应又使哈尔滨成为人口和货物的集散地。从施工开始那天起，最初的横道河子人口最多，因铁路施工 15000 人，为铁路伐木的 15000 人，为铁路建房的近 3000 人，为铁路采石的近 3000 人，运输和设置铁路各段所的工作人员近 3000 人，此外还

哈尔滨香坊站

1898 年，清政府与俄方先后签订《中俄旅大租地条约》及《旅大租地续约》。

东段试运行仪式

1899 年春天，
第一列火车开进
哈尔滨

吉林省派官员
祝贺

1899 年，各地纷纷爆发"义和团运动"。

中心医院霍乱病房

中国霍乱墓地

　　中东铁路建设之初的 1902 年 6 月 30 日，傅家店，哈尔滨及中东铁路沿线流行霍乱，直至 10 月 8 日，全路染病者中国人 3123 人，俄人 1365 人。死亡，中国人 1945 人，俄人 695 人。总医官伯列捷克率他的医务人员与死神相抗争

有家属、为劳工服务及来此赚这些施工工人钱的小商贩也数千人，最多时聚集了近 6 万人，而当初哈尔滨还不到 4 万人。可是，随着中东铁路建设局迁至哈尔滨，哈尔滨的地位一下子就得到改变，这就奠定了哈尔滨的发展基础，也迈出了走向城市的第一步。而当时的香坊，不过是一个只有几十户人家的小村，叫田家烧锅，道里道外也是一个人口稀少的小村，叫傅家甸子。此外，还有离江边远一点的两个小村，秦家岗【南岗】和王家岗【王岗】。

大房身站关东军长期隔离带（1899 年为了抵御鼠疫而设）

　　1899 年 11 月 16 日，钦差大臣苏元春与法国海军提督高礼睿签定了《中法互订广州湾租界条约》，把广州湾租借给法国。

1900 年的哈尔滨道里江沿

　　1898 年 7 月 6 日，驻外公使许景澄、杨儒与东清铁路公司签订了《中俄续订东省铁路支线合同》【又称《东省铁路南支线合同》】，俄方获得了铺设从哈尔滨到旅顺的南支线铁路的权利。南支线一经确立，随即破土动工。至此，一纵一横的"丁"字形大铁路全线开工。

　　中东铁路有几个重点工区，从东至西为绥芬河、海林、横道、一面坡、哈尔滨、齐齐哈尔、扎兰屯、牙克石、海拉尔、乌奴耳、满洲里，南支线

杨儒（1840~1902）

　　字子通，号迪庵。铁岭人，隶汉军正黄旗。同治六年（1867）举人。后历任江苏常镇道、浙江温处道、徽宁池太道。1892 年，以四品卿出使驻外，任驻美公使兼斯尼巴亚（西班牙）和秘鲁公使，太常寺少卿。1896 年《中俄密约》签订后，转任驻俄、奥、荷三国公使。1898 年升任工部右侍郎。1899 年补任命为全权大臣，与沙俄谈判交涉收回东三省问题。杨儒在外交上力争国权，不畏西方列强，拒绝在条约上签字。1902 年 2 月，死于彼得堡（今列宁格勒）任所，享年 62 岁。

1900 年，义和团在各地开展针对外国人的暴力行动。

为德惠、宽城【今长春】、公主岭、辽阳、旅顺。这些重点工区要么是人力集中，要么是施工难度大，因此都驻有俄国专家和工程技术人员指导施工，其他一般施工工区只有技术人员和工程师巡视。

主干线 13 个工区分别为，第一工区满洲里，第二工区海拉尔，第三工区免渡河，第四工区牙克石，第五工区扎兰屯，第六工区齐齐哈尔，第七、第八和第九工区设在哈尔滨，第十工区一面坡，第十一工区横道河子，第十二工区海林，第十三工区绥芬河。南支线 7 个工区，第一工区哈尔滨，第二工区老少沟【今车站已取消】，第三工区宽城子【今长春宽城区】，第四工区铁岭，第五工区辽阳，第六和第七工区旅顺。

如此大规模施工，又聚集了 17 万劳工，这在中国动用人力史上，尚属首次。恐怕秦始皇修长城，也不会超过这阵势。

1901 年 11 月 3 日，西部线于伊列克得站以西乌奴耳举行接轨仪式。乌奴耳是中东铁路线上的四等小站，来自于蒙古语，意为"美丽富饶"。

横道河子站

1901 年，沙皇敕令发布《满洲司法条例》十二条，规定中东铁路附属地的案件，东、西、南线分别归海参崴、赤塔、旅顺地方法厅审理，严重侵犯中国司法权。

乌奴耳为牙克石市的一个小镇，四周森林密布，河水纵横，是一块美丽富饶的土地。西部线在这里接轨，这个四等小站也因此有了名气。1901年3月3日，东部线于横道河子小镇举行接轨仪式。当时，横道河子站是中东铁路的二等站。横道、横头，为满语，意为"迎面而来"。因横道当时是中东铁路东部线的重要枢纽，二十几个段所驻守横道，横道就成为一座颇有规模的城镇。当时，霍尔瓦特曾到东部线视察，专门到达横道河子，看到横道河子迷人的山水风光，用他的乌克兰语脱口称这里为"乌恰斯克"。乌恰，乌克兰语，意为大山沟、分岔口；斯克，意为城；合起来为大山沟里的城市。一说"乌恰斯"，俄语，意为"段"。1901年7月18日，中东铁路南支线于公主岭站举行接轨仪式。公主岭因乾隆帝第三女儿固伦和敬公主而得名。其母为弘历嫡妃富察氏，乾隆初年封固伦和敬公主称号，乾隆十二年【1747年】三月，嫁科尔沁博尔济吉特氏辅国公色布腾巴勒珠尔。

公主岭站（1903年）

1901年，第一松花江大桥建成通车。

滨江关道杜学瀛拜会东清铁路管理局长霍尔瓦特（右三）

铁路通车后，清政府在哈尔滨设立滨江官道衙门，专门负责铁路及铁路两侧相关地区税收，没有实际辖区

和敬公主卒于乾隆五十七年【1792 年】，其遗体葬于北京东郊的东坝镇附近，将其衣冠葬于自己的领地，初名公主陵。中东铁路通车之初，公主岭站曾用名"三站"，后改名为"公主陵站"。因嫌其名不好听，1906 年改为公主岭站，公主岭这名字一直沿用下来。公主岭站是中东铁路线上 9 个二等站之一。

1902 年，沙俄政府任命原乌苏里铁路管理局【海参崴至乌苏里斯克段】局长霍尔瓦特上校出任中东铁路管理局局长。霍尔瓦特和维特在中东铁路上的观点不谋而合，主张用铁路养铁路，而中东铁路的重要意义是战略不是经济。在俄国许多朝臣中，也不乏反对声音，认为用俄国钱修一条通过中国的铁路，无异会使中国成为最大的受益者，中国东北将来的发展会很迅速，很可能压垮俄国毗邻地区脆弱的经济。维特不赞同这一点，作为由

1902 年 4 月 8 日，沙俄政府代表雷萨尔与清政府代表王文韶在北京签订了中俄《交收东三省条约》。

财政大臣转为交通大臣的他，看到的不只是交通和经济，他的目光是俄国在远东的控制力。维特为此给尼古拉二世写了一份很长的报告来陈述中东铁路通车后从经济、政治、交通、贸易和强制移民等几大方面的好处，并得到尼古拉二世的批准。霍尔瓦特所以能就任中东铁路管理局局长，除了他在东亚铁路管理局和乌苏里管理局工作了十年以上，有丰富的铁路工作经验外，最重要的是，他认为中东铁路不仅对俄国远东开发有利，而且是必需的。况且，霍尔瓦特拥有军衔，可以调度铁路沿线护卫队，对铁路方面而言，在管理员工上，他又是个"温和的铁腕管理者"。

1903年7月14日【俄历7月1日】，中东铁路总工程师尤戈维奇在大连他的办公处所兼个人住所向全路郑重宣布，中东铁路全线贯通，正式通车。其实，一些附属设施并不完善，实际上还没有完全竣工。中东铁路便由建设局交给中东铁路管理局，霍尔瓦特上校正式就任管理局局长。清王朝为参股方，在铁路管理上没有得到任何一个有权职位，只在绥芬河设立了一个海关总理衙门，由四品公卿保麟出任首任海关总理大臣，为俄国进出境货物盖章验印，除此之外，别无任何权力，被人称为验印总理。

霍尔瓦特在试运营的通车当天，也就是7月14日，发布了局长第一号命令：

自本年7月1日（公历7月14日）起，中东铁路及其一切财产和设备，由铁路建设局移交给经营管理局管理。该局遵照本命令之后，即刻发布《运行章程》《运输章程》《运费》等特别命令，铁路自此开始正常运营和经营。自7月1日起，我就职管理铁路，为此特向铁路沿线公布。

铁路管理局局长霍尔瓦特上校

1903年7月1日，中东铁路通车。以哈尔滨为中心，西至满洲里，东至绥芬河，南至大连，并成立中东铁路管理局。

此日，霍尔瓦特一连发布了四道命令，并任命了管理局办公厅、法律处、会计处、商务和监督进款部、医务卫生处、财务处、工务和房产处、车务和电报处、车辆和机务处、民事管理处、军事处等 11 个部门的主要官员。

中东铁路全线正式通车，实现了沙俄的西伯利亚大铁路穿越中国东北境内、以征服中国和称霸远东地区为战略目标的政治目的，这就不可避免地激化了与英国、日本的矛盾，最终导致日俄战争的爆发。就在大东北百姓还不了解铁路的时候，两条冰冷的铁轨坚硬地伸向东北大地。那些因铁路失去庄园或因铁路发财的人，对铁路有着完全不同的认识，铁路成为东北人民对近现代工业交通最早的认识，也是最为纠结的事情。一向以牛马大车为交通工具和耕作畜力的关东人，一下子看到了不一样的生活，不一样的出行工具，人们在享受快捷的同时，也还有一些莫名的疑惑。不管怎么说，这条铁路已经摆在了面前。

有关中东铁路，有一位历史人物不能忽略。尽管他没参与修筑中东铁路，可他是中国的铁路之父，他对中东铁路的修筑，也曾提出过许多建议，比如轨制、车厢设置等，可惜俄方并不予以采纳。

这个人就是詹天佑。

詹天佑（1861~1919）

字春诚，号达明。12 岁出国留学，先随 120 名清政府官派幼童赴香港预备班，后赴美国。主修铁路工程，毕业论文是《码头起重机研究》，获学士学位。归国后一度在海军当炮手、学驾船，参加过马尾海战，战后任过水师教师。1887 年经人推荐到天津从事修造铁路。俄国十月革命后，有关中东铁路去向曾在俄远东举行多国共管谈判，詹天佑参加谈判。谈判无果，詹天佑回国不久即病逝。

1903 年 4 月 8 日，中俄《东三省交收条约》到期限，俄军拒绝退兵反而增兵 800 多人重新占领营口。

第七章　霍尔瓦特——刻在中东铁路上的记忆

德米特里·列奥尼多维奇·霍尔瓦特【1859~1937】，塞尔维亚族。1859 年 8 月 7 日【俄历 7 月 25 日】出生于俄国西部乌克兰境内的波尔瓦省克列缅楚格市的一个贵族家庭，父亲是大庄园主，母亲出身名门，是俄国著名将军库图佐夫的后裔。霍尔瓦特的妻子也和尼古拉二世的妻子有亲戚关系，所以能在中东铁路上谋到主要职位，不能不说和他特殊的家世及社会地位有重要关系。

1878 年 4 月，霍尔瓦特以优异成绩毕业于尼古拉耶夫工程学校，并获得了少尉军衔。当时的俄国，青年人入学，就兼有了预备役的身分，可以授予军衔。毕业就授予军衔，在俄国青年学生中属于凤毛麟

中东铁路管理局长霍尔瓦特

角，这让青年时代的霍尔特拥有了令人自豪的光环。随后的土俄战争中，霍尔瓦特以他的勇敢和智慧，升任近卫军排长、中尉，成为沙皇近卫军中

1904 年 2 月，清朝外务部宣布中国对日俄战争"严守局外"的中立态度。

哈尔滨铁路局

最年轻的军官。随即又升为连队司务长，可他的志向不在军队，而是想在
技术方面有所发展。他多次请求能有一份技术工作。1882 年，近卫军长官
满足了他的要求，送他到工程学院进一步深造。1885 年毕业后，年仅 26
岁的霍尔瓦特带着军官的身分被派到里海以东的中亚铁路局工作，从此就
和铁路结下不解之缘。几年后，又被派到乌苏里斯克修建和管理西伯利亚
大铁路远东铁路段，即乌苏里铁路局，并升任上校。

　　1903 年，霍尔瓦特来到中国，出任中东铁路局局长，在这个位职上，
一干又是十几年。霍尔瓦特到达哈尔滨后就住在香坊一幢属于他自己的大
宅院【卫生街副 22 号】。这院子原本是总工程师尤戈维奇的，作为总工程师
的尤戈维奇，铁路工程一结束，他的使命也就结束了。铁路通车后交给铁
路管理局，尤戈维奇回到俄国。尤戈维奇回国后，这个大宅院就成了霍尔
瓦特的私人府邸。他每天乘坐四轮马车到哈尔滨工业大学附近的铁路局去

1904 年 2 月 8 日，日俄战争爆发。

年伏尔铿工厂的赤卫队

上班。每天清晨，寂静的大街上，都能听到清脆的马蹄响。

　　1904 年，日俄战争爆发，中东铁路成为前线运输大动脉。霍尔瓦特竭尽全力为俄国军队服务，不分昼夜，他和他的员工几乎都没有休息的时间【中东铁路通车之初全线对开 8-12 列，日俄战争时期增至对开 14 列，南支线增开至对开 18 列】，他甚至亲自押运军用物资到前线。正是他的不懈努力，才使中东铁路的作用在日俄战争中发挥到了极致，为此，他被破格提拔为中将，这使他有了调动远东军队保护铁路的权力。

　　1917 年俄国十月革命胜利后，俄国的犹太人和富商地主等有钱人纷纷

　　1918 年，中国各派系军阀混战，南北两军开战，直至 6 月中双方宣布罢战休兵。

逃到中国，在中东铁路沿线临时避难，更多的富人云集到哈尔滨，霍尔瓦特不顾国内大的趋势，将这些富人保护起来。这时，中东铁路线上的俄国工人接到列宁"夺取一切权力"的电报，自发成立了工兵武装，并成立革命委员会，留金任主任。留金下令解除霍尔瓦特职务，将铁路交给苏维埃，并逮捕驻守铁路的白军。可是铁路股东会议和理事会否定了苏维埃工兵委员会的决议，随即铁路沿线大罢工，造成一连数日铁路停运。最后，留金再次提出罢免霍尔瓦特，再一次没有获得多数票，霍尔瓦特依旧留在中东铁路。霍尔瓦特是一个"温和的铁路管理者"，所以他才在中东铁路上拥有更多的支持者。这时，吉林督军与英、美等列强，皆不承认苏维埃政权，霍尔瓦特便开始策划中东铁路"独立"，形成一个既不属于苏维埃，也不属于中国的小王国。霍尔瓦特想利用这个小王国保护逃亡的俄国侨民。

1918 年 1 月，新生的苏维埃政府外交人民委员会副委员长波里瓦诺夫要求中国驻俄使馆解释保护霍尔瓦特中将的理由，并要求中东铁路撤走中国的驻军，中国北洋政府外交部予以拒绝。1 月底，霍尔瓦特被远东苏俄股东长召回国内，听从新政府的命令，中东铁路由拉琴诺夫任代理局长。2 月底，霍尔瓦特再次回到中国，继续管理中东铁路账务和有关道胜银行与中东铁路的资金，为了继续管理铁路，霍尔瓦特接触了美国工程师斯蒂文森，想聘请美国工程师出任中东铁路顾问，将中东铁路国际化，并渐渐脱离苏俄。斯蒂文森等 120 多名工程师开始赴中东铁路哈尔滨总厂、海参崴等地。

此后的中东铁路，便乱成了一锅粥，上演的全是闹剧。逃亡的沙俄白军谢米诺夫军队，前沙俄海军上将、曾在旅顺口同日军交过手的亚历山大·瓦西里耶维奇·高尔察克拼凑的反动武装，还有北洋政府、东北督军，你来我往。这一年 5 月 15 日，高尔察克和白军暗杀了从横道河子赴哈尔

白军

滨宣传十月革命的布尔什维克党人乌曼斯基，再一次引发铁路大罢工。中东铁路管理局代理局长拉琴诺夫强硬镇压，造成铁路乱象环生。后来，霍尔瓦特又上演闹剧，在远东成立全俄临时政府，随即又成立了西伯利亚自治政府，霍尔瓦特出任全权代表，欲脱离苏俄。1919年7月25日，苏俄外交人民委员会发表由加拉罕署名的《致中国国民及南北政府宣言》，这是苏维埃红色政权第一次发表对华宣言，苏俄政府郑重宣布：废除前俄国政府一切侵华特权，"愿将由沙皇政府、克伦斯基政府及霍尔瓦特、谢米诺夫、高尔察克匪帮、俄国前军官、商人与资本家掠夺所得的中东铁路及其所有租让的矿山、森林、金矿与他种产业，无偿归还中国人民。"由于高尔察克白匪政权的阻隔，中国北洋政府直到1920年3月26日才正式收到这份宣言，由于中国政府南北割据，南方平定陈炯明叛变，北方又处于军阀争势，1926年后，又爆发了北伐战争，这份宣言所做的承诺也无法一一落实。

尽管十月革命后霍尔瓦特没再担任管理局局长，可实际控制权还在霍

1919年5月4日，因巴黎和会外交失败，北京爆发以学生为主体的反帝爱国运动，即"五四运动"。

霍尔瓦特中学

尔瓦特手里，他以临时政府的名义，将自己封为中东铁路界内总长官，对中东铁路和所属地均由他统辖。1920 年 3 月，苏俄红色政权正式接管了铁路，开始由北京政府和苏俄共管。在工人联合会的施压下，霍尔瓦特不得不"辞职"，中东铁路全线恢复了通车。霍尔瓦至此所有的努力归于失败，黯然离开了哈尔滨，但他无法回国，只身去了北京。1937 年 5 月 16 日病逝于北京一家德国人开设的医院，终年 77 岁。1921 年，哈尔滨自治会不顾广大市民反对，将霍尔瓦推举为哈尔滨荣誉市民，并将站前大街、哈尔滨大街、通道大街、陆军街改为"霍尔瓦特大街"。这些街名如今早被废止。

中东铁路史上的一个特殊符号，一段刻在中东铁路上抹不去的记忆霍尔瓦特。

1919 年，巴黎和会在美、英、法三国主导下召开，签订了《凡尔赛和约》，第一次世界大战正式结束。

第八章　风雨中东路——义和团运动

中东铁路从修筑那天起，就一路伴着风雨和烽火硝烟。

勘测和筑路期间因征地、拆迁涉及补偿及征调劳工等，与当地百姓的纠纷及磕磕绊绊已经忽略不计，而由铁路引发的大的动荡没有一次不触目惊心。

随着洋人大量涌进国门，且肆无忌惮，引发了国民的极大不满。尤其是《马关条约》的签订，洋务运动失败，西方列强开始新一轮对中国的瓜分。他们对中国提出一系列无理要求，

《马关条约》签字时的情景

到中国开矿、办厂，强行推销商品，都无视中国国民的感受。1897年11月，山东发生"曹州教案"，两名德国传教士能方济、理加略【一说韩理】，不知何种原因【后来的一些史学者分析是教堂与村民发生土地纠纷】，被冲入教堂的村民打死。德国立即做出了反应，乘机出兵占据了胶州湾和胶澳【今青岛】。接下来的一个月，俄军进驻了辽南的旅顺要塞，英国和法国分别派兵占领威海和广州湾【今广东湛江】。

1897年8月16日，中东铁路正式开工。

外国军队的进占，更激发起山东各地的排外情绪。1897年春，山东冠县梨园屯村民与教堂因土地纠纷引起冲突，教堂借助洋人力量打压当地村民。威县梅花拳拳师赵三多应村民阎书勤等人的邀请，前往援助，制伏了洋教士，事态闹大，惊动官府。从此，拳师赵三多声名大振。1898年3月，赵三多将梅花拳改为"义和拳"，并以习武练拳为名，设拳坛，开始有组织活动，各地纷纷效仿，并设立分坛。但这并不是义和拳的全部，有关义和拳，说法不一。

一说是长期流行在山东、直隶【今河北】一带的民间秘密会社，清人有人认为与白莲教等传统民间秘密团体有关，这一观点为现今大多数人所接受。然而也有部分人有另外一种说法，认为义和拳源于一种勤王的民团组织。他们利用设立神坛、画符请神等方法秘密聚众，以练拳习武为名，结义成帮，称为"义和拳"，其中掺杂有大量教授信众"刀枪不入"的愚

义和团与外国军队战斗

1897年年底，沙俄为争夺清朝领土，将军舰强行开进旅顺口，随之便派人到大连湾和青泥洼勘察，决定在青泥洼开港建市。

[世界大事记] 67

昧成分。不管持哪种说法，义和拳最初同当时清朝大部分秘密团体一样，反对满族统治，以"反清复明"为口号，最终遭到镇压。随着中国近代史形势的发展，以帝国主义侵略为先导的西方势力与中国的冲突代替了"华夷之辨"的满汉冲突，成为主要矛盾，义和拳开始支持清朝抵抗西方。

义和团士兵

1899 年，捐官出身的汉裔旗人毓贤出任山东巡抚，提出"民可用，团应抚，匪必剿"，对义和拳采用"抚"的办法，将其招安纳入民团，改名为"虎神营"。于是义和拳成了"义和团"，而口号亦由"反清复明"改成"扶清灭洋"，据说这口号还是赵三多首次提出来的。

义和团毕竟是民团，四处烧教会、杀教士，抵制所有外国事物和之前失败的"洋务运动"。在义和团的积极排外下，外国人被称为"大毛子"，一律杀无赦；中国人如信奉天主教、基督教，通通被称为"二毛子"，同样杀无赦；其他通洋学、懂洋语、以至用洋货者，被称为"三毛子"以致"四毛子""五毛子"……"十毛子"等等，轻则被殴辱抢劫，重则可能有杀身之祸。

开始，义和团只限于山东。1899 年，河北、天津一带流传"拍花"，传说有一种迷魂药，往小孩儿头上一拍，就被迷住带走，然后挖心吃肝。这种本事，只有洋人才有，而百姓见到的洋人多是传教士。就在这时，山东、河北、天津一带时有小孩儿丢失，于是，当地百姓就找到官府，官府怎么解释也不能为百姓接受，于是就再次发生了百姓与洋教士之间的冲突。这

1898 年 4 月，俄国工程师希特洛夫斯基率特别考察队到哈尔滨田家烧锅附近，将此作铁路工程局的驻地。

一年山东河北又大旱少雨，庄稼歉收，老百姓怪这些洋人是"邪教妖孽"，惹了天怒，不除老天就会降魔来毁灭人类。这就极大煽动起了人们对洋人的仇视。民间开始私下里杀教士，一度引发天津、河北一带的教案。山东一带的义和团运动也趁机揭竿而起，一路北上，杀洋人，匡扶社稷，爆发了震惊中外的"义和团运动"。

义和团在"扶清灭洋"口号的引领下，号召人们起来，"杀洋人，保江山。"恰好这一年，慈禧不满康梁变法而政变，重新开始训政。为了找口实，反对学习西洋，由反对西洋转而反对洋人。义和团的"扶清灭洋"，顿时让饱受洋人欺负的慈禧看到了中国人扬眉吐气的一面，暗中开始支持义和团。义和团很快风起云涌，闹到了北京，追杀洋人，围困西方驻北京大使馆，局面不可收拾。由于大批俄国人正在东北修筑中东铁路，义和团一路北上，闹到了东北。义和团的团歌和口号也一并在民间传唱开来：

仙出洞，神下山。附着人体把拳传。

兵法艺，都学全。要平鬼子不费难。

拆铁道，拔线杆。紧急毁坏大轮船。

大法国，心胆寒。英美德俄尽消然。

洋鬼子，尽除完。大清一统靖江山。

义和团闹到高潮的时候，慈禧看到了民心所向，为了利用这些民团力量和民心，破天荒硬气起来，下令与八国联军开战。以一国敌八国，尽管光绪皇帝在御前会议上有所担忧，许景澄也站出来阻止，认为杀外国大使是违反国际法的。可此时的老佛爷已经谁的意见和建议也听不进去了，一意孤行，军队只好仓促应战。

1899 年 11 月 16 日，钦差大臣苏元春与法国海军提督高礼睿签定了《中法互订广州湾租界条约》，把广州湾租借给法国。

时局图

1899 年，各地纷纷爆发义和团运动。

海兰泡的贫民窟

光绪（1871~1908）
　　清德宗爱新觉罗·载湉，清朝第十一位皇帝，也是清朝入关后的第九位皇帝，在位年号"光绪"，史称"光绪帝"。生母叶赫那拉氏为慈禧皇太后亲妹。

　　由于中东铁路施工的华人劳工大多来自关内征调的山东人和东北本地失地农民，义和团的"杀洋人"主张一下子引起共鸣，中东铁路工人揭竿而起，纷纷响应，真的开始"拆铁道，拔线杆"了，杀逐俄方人员，拆毁正在施工中的铁轨、路基和桥梁等，中东铁路受到重创，一度停工。最后，引发沙俄调集 17 万大军，从满洲里、黑河两个方向出兵。出兵之前，沙俄军队为了走黑龙江口，借口华人带来麻烦，治路先靖边，制造了惨绝人寰的"海兰泡惨案"，杀死 4000 多手无寸铁的无辜平民，2000 多人逃到江对岸，无家可归，流离失所，最终中国丢掉了江东站 64 屯【实际上是 70 余屯】。沙俄军队此后从孙吴一带顺流而下，沿黑龙江到抚远进入三江口，然后进入松花江，逆江而上。黑龙江将军寿山，与义和团联手，在嫩江与哈尔滨太阳岛一带与俄军展开了浴血战斗。终因义和团是民团，大刀长矛敌不过洋枪，寿山的军队又远远少于俄军，众寡悬殊，最终归于失败，寿山将军受伤后自尽。黑龙江吃紧的同时，八国联军合伙攻进北京，慈禧见事态不好，急急忙忙逃到西安，惊魂未定之余，一面派人谈判求和，一面转向支持洋人，

　　1900 年，八国联军进攻北京。

下令剿杀义和团。不仅剿杀义和团，回到北京后，慈禧不检讨自己匆忙主战的过错，竟然拿当初反对交战的许景澄等五大臣开刀，午门问斩，既向外国人讨好，也给自己出气。

由各国签署《辛丑条约》

许多义和团的兵勇就这样成为清军的刀下亡魂，一些兵勇在义和团失败后南下，后来成为辛亥革命起义的战士和北伐军的主力。义和团失败后，清王朝赔偿中东铁路公司 7000 万金卢布，比沙俄在中东铁路最初的总投资还多十几倍。沙俄方面得了这笔巨额赔偿又开始了中东铁路的施工。不仅赔偿沙俄，1901 年【辛丑年】9 月，中国和 11 个国家分别达成了屈辱的《解决 1900 年动乱最后议定书》，即《辛丑条约》。条约规定，中国从海关银等关税中拿出四亿五千万两白银赔偿各国，并以各国货币汇率结算，按 4% 的年息，分 39 年还清。此时的中国，几乎倾家荡产了。所以，后来有史学家戏称义和团是中国历史上"最败家的农民运动"。

1900 年为庚子年，这笔巨额赔款便称为"庚子赔款"，西方人称为"拳乱赔款"。后来，经美国政府调停，这笔款项部分归还中国，在美国人看来，中国的国民素质亟待提高，教育也相当落后，指定清王朝用这笔款办教育，一部分作为送留学生到美国的经费，一部分用于办学校，于是有了清华大学。

1900 年，江东六十四屯居民、海兰泡华民先后惨遭沙俄军队屠戮。

第九章　穿山凿隧　华人血汗筑成大铁路

中东铁路是中国参股的铁路，更是中国华人劳工血汗筑就的铁路。既然是中国参股铁路，铁路公司理所当然在中国招募劳工，从1897年夏开始，中东铁路公司就到山东、河北一带招工。到1898年秋，仅一年多，就招募了40多万劳工，中东铁路动用17万，23万多劳工赴远东修筑西伯利亚大铁路。能快速招募这多农民工，和关内连年灾害、战乱有关，天灾人祸，民不聊生，为了生存，只好到中东铁路上来打工。中国工人的工钱还不到俄国技术工人的三分之一，少得可怜。可以说，中东铁路使用的是大量的中国廉价劳动力。

中东铁路使用了大量的中国廉价劳工

1898年，清政府与沙俄签订《旅大租地条约》及《续订旅大租地条约》。

中东铁路有几处施工难点，一是大兴安岭阿尔山一带隧道，二是张广才岭横道河子至高岭子一带盘山道，三是松花江大桥，四是齐齐哈尔一带沼泽湿地。尤其是由扎兰屯到呼伦贝尔这段路，有一条小支线到阿尔山，要穿越大兴安岭盘山隧道，这对没有经验的中国工人来说，是很难完成的。铁路公司不得不请来有经验的德国等国的工程师和技术员来指导和帮助，尽管如此，还是造成大量华人劳工的伤亡。可以说，中东铁路是用华人劳工的生命和血汗筑成的。

俄国施工队伍工人住房

开山凿隧的地段很多，尤其是东部山区、西部扎兰屯以西横穿大兴安岭路段，都有叠嶂的山峦，都需要绕行或穿行。西部阿尔山盘山隧道让铁路公司方面吃够了苦头，因此，不到万不得已，均采取绕山的盘山道。这也是铁路由三岔口移往绥芬河的主要原因。尽管如此，还是留下了大大

东部线铁路，崇山峻岭

1900年，义和团进驻北京，袭击教堂等外国人驻地。

铁路机车穿山越岭，要不时进行保养维修。尤其是横道河子路段，穿越张广才岭，需要备足助推机车，这就需要一个大型机车库和分道转盘，以调度机车和检修机车

小小数百座桥梁和几十个隧道。如此大难度的施工，在人挑肩扛的时代，仅仅用了不到六年时间就修通了中东铁路，其中的辛苦是可想而知的。尤其是华人劳工，吃粗食，住帐篷，每天十几个小时的繁重劳动，一些吃不消的，就病倒了再也爬不起来。有的华人劳工拖家带口来到工地，因小孩子营养不良，面黄肌瘦，甚至有病也无钱医治，最后只好弃尸山谷。同时，中东铁路建设局还招募了一些朝鲜族劳工，这些劳工的命运和华人没什么区别，也大多是穷困潦倒。尤其是被征调土地的劳工，工程结束后无家可归，无田可种，只好留在铁路上继续当劳工，进行铁路维修或做巡道工。

东部节点横道河子西高岭子路段，是张广材岭坡度矮、山体窄的葫芦口，是最适合铁路穿行的路段，铁路在穿越高岭子时，还是修筑了几十里的盘山道，火车在这一段绕行一个小时才得以过一座山。重载车过高岭子盘山道或穿越张广才岭要加挂机车，最多时加挂到四台机车拉动重载列车穿越张广才岭。机车拉到一面坡后，再往回拉动重载车，就这样，加挂机车不停地穿行于横道河子与一面坡之间。为此，中东铁路在横道河子修了一座拥有 15 个库房和修车位的机车库，并修了一座机车分道转盘，以便机车调头和分别进库保养维修。一面坡也同样修了一座相应的机车车库。

后来，日本人接管中东铁路后，在横道以西八公里处开凿了长达十几公里的隧道，只能单行，新中国成立后，又花费很大力气开凿了另一条隧道，使穿越张广才岭的火车上下行都可以通过隧道，高岭子盘山道遂废弃不用。这样，列车通过就可以节省一个多小时。

高岭子是中东铁路东部线盘山道最长的一段，当时修这段盘山铁路时，技术支撑极为重要，因此，大批俄国铁路工程师和技术人员云集在横道河子，这也是除了哈尔滨之外横道河子能留下大批俄式建筑的主要原因。

横道河子站员工住宅（1923 年）

1895 年 4 月，《马关条约》签订后，清政府将辽东半岛割让给日本，俄国、德国与法国为了自身利益，迫使日本把辽东还给中国，即"三国干涉还辽"事件。

第十章　一条大铁路引发的血拼——日俄战争

为了争夺在中国东北的利益，日俄两国相斗，积怨太深。日本控制朝鲜半岛就已经让俄国颇为不满，这严重影响了俄国在远东的战略利益、经济利益和扩张的野心。日本又发动甲午战争，想占领辽东，这就更惹恼了俄国。这无疑是眼睁睁看着中国的资源被日本夺走，于情于理都说不过去。于是俄国扮演了一个正义之神的角色，联合法、德，发生了三国干涉还辽事件。日本人宁可不要三千万两白银，也要辽东。可俄国不同意，日本只好忍气吞声吐出了辽东半岛。从此，日本对俄国一直怀恨在心。在日本政府眼里，俄国就是仇敌。从那一天起，日本就计划准备充分时同俄国开战。

日俄战争

1903 年 4 月 8 日，中俄《东三省交收条约》到期限，俄军拒绝退兵反而增兵 800 多人重新占领营口。

中东铁路是伸向辽东湾的一根定海神针,谁拥有这根定海神针,谁就拥有了控制中国辽东半岛和附近海域的主动权。日本最不想看到的就是俄国势力南下辽东湾,这样,日本的满蒙战略就会化为乌有成为泡影。俄国让日本吐出辽东半岛,然后由俄国来占领,不仅粉碎了日本的满蒙之梦,简直就是赶日本于海下。

在争夺辽东上,两个列强国家已经明火执仗,毫不遮掩。

1903年中东铁路全线通车,日本朝野极为震惊,没想到工期这么快,日本还没有完全做好准备,俄国的战车就要开到辽东。当初三国干涉还辽,不让日本占领,他来占领,岂有此理!日本显然咽不下这口气。况且,西伯利亚大铁路也即将告竣,两条大铁路直插向远东,这让日本感受到巨大压力。一旦俄国大批军队开到远东,开进旅顺港,日本试图登上满蒙大陆的战略梦想就会彻底破灭。早在中东铁路施工初期,日本人就做好了同俄国开战的准备。只是经历了中日甲午海战,日本很难在短时间内重新补充军备、战争消耗及征调兵员。尽管日本是战胜国,又拿了清王朝大批银两,可谁都清楚,杀敌一千,自损八百。无论怎么说,战争也需要喘息,尤其是与俄国交战,必须要做得更充分,更有把握。为了登上亚洲大陆,同俄国人的战争势在必行。中东铁路通车,极大地刺激了日本。俄国人的势力抵达辽东半岛,对日本人来说,是个不小的打击,也是个噩梦,更是不能接受的现实。日本人开始迫不及待了,准备出击。

与此同时,俄国人的情报部门也摸清了日本人的动向,也料到日本要同俄国开战。俄国国内,也开动了国家机器,在全国进行战争动员。其实,是否与日本开战,俄国国内是有分歧的,以维特为代表的一派认为不要轻易与日本开战,因为中东铁路虽然通车,运力毕竟有限。那时的铁路还没有上下行双道轨,要调度列车,单线行车影响通车,且最快车速只在每小

1904年6月1日,青岛至济南的胶济铁路通车。

时 45 公里左右。对于两国交战，从几千里外运输，肯定是个问题。况且西伯利亚大铁路还有环贝加尔湖一段 100 多公里没有修起来，旅顺要塞建设也没有完善，这种时候开战是不明智的。他认为应和日本继续和谈，要稳固地占领中国东北，至少要等西伯利亚大铁路全面贯通，旅顺要塞工程全部完成之后再与日交战。而朝中以御前大臣亚历山大·别佐勃拉佐夫、内务大臣维亚切斯拉夫·普列维、远东总督阿列克塞耶夫为代表的主战派，极力主张同日本开战，应早下手，防止被动。最后，这一派占了上风，尼古拉二世听信了主战派，于是，开动了战争机器。俄国人的行动总是缓慢的，除了加紧抢建西伯利亚大铁路外，其他如军队动员、兵员调动、军需物资调度等都比日本慢半拍。日本人却明显加快了步伐，在不到一个月的时间里，动员了近百万的兵力。

阿列克塞耶夫（1843~1909）

全名叶夫根尼·伊万诺维奇·阿列克谢耶夫，亚历山大二世的私生子，尼古拉二世的叔叔。沙皇俄国军人，长期在海军任职，海军上将，侍从将军。1899 年任关东省总督兼驻军司令和太平洋海军司令。1900 年参加镇压义和团起义。1903 年，阿列克塞耶夫担任远东总督，掌握旅大租借地和东省铁路附属地的军政大权。由此，旅大租借地遂成为俄国远东地区的军事、政治中心。

1904 年初，日俄之间的战争一触即发。

在争夺中国东北利益上，日俄两国摆开了架势，互不相让。俄国同日本从 1902 年就开始谈判，日本主张东北权力，俄方也狂妄宣称，他们才是中国东北的主人，这一点毫无疑问，关于朝鲜半岛，还要走着瞧！在俄国人眼里，如果开战，俄国必胜。日本人看来，这是严重挑衅，不可接受。1903 年导致双方谈判破裂，这也是尼古拉二世不采纳维特继续谈判主张的主要原因，双方已经

1904 年 2 月 8 日，日本偷袭旅顺，日俄战争爆发，中国东北成为战场。

没有谈判空间了。

1904年2月8日，尼古拉二世向远东总督阿列克塞耶夫发去电令：准备开战，但最好让日本人先开始军事行动，而不是我们。尼古拉二世的意图很明显，他要让国际舆论倒向自己一边。他忽略了到这种地步，已经不需要国际舆论了，谁抢先，谁就占主动。

日军早已急不可待了，哪里会顾及国际社会的舆论。日军根据所掌握的可靠情报分析，虽然俄国的整体军事实力要远远强于日本——这也是俄国国内主战派占上风的主要原因，可俄军在远东的兵力有限，补给也困难。中东铁路虽然通车，可仅有这一条路来支撑大规模的战争显然是不够的。西伯利亚大铁路环贝加尔湖还有100多公里长的一段，一旦等俄国将这一条路也抢通，俄国在远东的军事实力和补给能力将大大加强，到那时再作战，日军取胜的可能性就会大大减少，甚至没有可能。日本参谋本部长官山县有朋，极力进奏天皇，向俄军开战，采取突然袭击的方式，最好是偷袭。日军所以要采取偷袭或突然袭击，也是考虑到俄军实力的。

镇压义和团运动时，俄军从国内调集了13.5万人，编成四个整编军，而清王朝在东北的实际兵力仅9万多人，且装备远不如俄军，俄军便很快席卷了东北，占领了奉天【今沈阳】、锦州、铁岭等，东北全境战略要地悉数被俄军控制。义和团运动失败后，俄军没有按当时赔款后所签订的撤军协定撤军，目的就是想长期占领中国东北，把中国东北变成俄国的"黄色俄罗斯"。清王朝曾一度敦促俄国撤军，美英等西方国家也要求俄撤军。1902年4月8日，俄方不得不签订《交收东三省条约》，被迫答应分三批一年半内撤完。可俄军没有半点执行该条约按期撤军的迹象，为了掩人耳目，1903年8月，俄罗斯又单方面在旅顺口挂牌成立了远东总督区，任命远东总督阿列克塞耶夫管理这个区，公然把东北当成他的领地。清王朝拿

【中国大事记】

1904年2月，清朝外务部宣布中国对日俄战争"严守局外"的中立态度。

他没办法，这也是后来日俄开战清王朝所以选择中立、置《中俄密约》不顾的根本原因之一。日本是前门之狼，俄国是后门之虎，养虎成患是清王朝清醒意识到的问题，选择中立就是让日俄斗得两败俱伤。

俄军的四个整编军不足惧，最重要的问题是俄罗斯正在向远东、包括中国运兵和补给。

满洲里站兵营

绥芬河警卫队军官住房外街道

中东铁路沿线由沙俄驻军。日俄战争之后，俄日两国在铁路沿线开始栽减兵员，每公里不得超过 15 名士兵。但，俄国仍在中东铁路沿线驻一个军四个整编旅

1904 年 7 月 13 日 俄国西伯利亚铁路竣工通车。

当时，俄国人口 1.41 亿，陆军常备总兵力约 105 万人，后备军达 375 万人，其中 90% 的兵力部署在西部地区，在远东除驻守中国东北的，还有近 10 万人，148 门火炮、8 挺机枪。而俄方正在进行战争动员，到开战期间，已经征召了 120 多万，并拥有 60 余艘作战舰艇【总吨位 19.2 万多吨】。有线电报电话只装备到军，师以下单位一律骑马或步行送信，且西伯利亚铁路正在昼夜抢铺贝加尔湖这 100 多公里，火车只好走中东铁路，从欧洲到中国东北将近 6 个星期。

第四山地骑兵连

香坊附近炮兵演习

第二骑兵大队卧倒演习

1904 年，清朝第一部直接与创办公司有关的法律《公司律》奏准颁行。

首任军事长官第捷里赫斯

继任长官奇恰果夫

送首任长官第捷里赫斯回国

1904 年，英军进入拉萨，强迫西藏签署《拉萨条约》。

不可思议的是，俄军不重视现代战争，崇信一百多年前的库图佐夫和拿破仑的战法，主张用刺刀死拼。更不可思议的是，战争期间，前线需要补充兵员、炮弹，俄方却一车厢一车厢地往前线运送神像，这成为日俄战争期间的一大笑柄。再加上俄军指挥系统矛盾重重，皇亲国戚都对军队进行干预，这也是日军所以能取胜的客观原因。

而此时的日本方面具有明显优势，日本总人口不过 4400 万，战争时可动员兵力 200 多万，包括后备兵员。实际上，日本战时只动员了 118.5 万人，双方在兵力上旗鼓相当。日军当时陆军总兵力近 38 万，火炮 1140 门，近 37% 为山炮，适于山地作战，且射程远，杀伤力大。机枪 147 挺，火力配备明显优于俄军。加上海军军舰 80 艘，排水量达 20 多万吨，就吨位上，与俄军相当，因多是英国造新型舰艇，性能良好，与俄军比还是略占优势。在战略上，最重要的差别是，日军早有预谋，有一个统一的作战计划，而俄军没有预案和预先作战计划。

1904 年 2 月 6 日 0 点，就在俄军还在睡梦中的时候，日本联合舰队司令长官东乡平八郎向所属部队下达了天皇的命令，舰队全力以赴开赴黄海，分别攻击停在旅顺和仁川【济物浦】的俄军军舰。在这个关键时刻，俄军也嗅到了战争的硝烟味儿，双方情报部门都行动了起来，俄军下达了加强警戒令，可这道命令要等到 2 月 10 日才开始执行。2 月 8 日上午，一艘英国汽艇使进旅顺港，日本随即在旅顺撤侨。远东总督阿列克塞耶夫等并没引起足够重视，只有远在北欧芬兰喀琅施塔得港口的司令官给海军部发了一份电报，提请注意旅顺舰队的危险处境，要把军港战舰全都撤回内港，否则后果不堪设想。直到日军开始进攻时，俄舰仍处于外港，而且没有必要的防护措施。就是这种缓慢，要了俄军的命。

2 月 4 日，日本为了制造假象，还在和俄国谈判。2 月 6 日，突然宣

1904 年 3 月，清廷批准设立户部银行，是第一个官办银行。

日俄战争

布与俄国断交。2月8日夜【或2月9日0时】，日军不宣而战，在朝鲜仁川和辽东旅顺港海域同时向俄军舰队发动突然袭击。在仁川击沉了两艘俄军军舰，俄军自沉一艘。在旅顺方面，东乡平八郎指挥联合舰队瞄准俄军舰开火，发射16枚鱼雷，击中俄军最好的三艘军舰，随即炮火连天。而此时，俄军舰队的军官们正在旅顺城里举行晚宴，庆祝舰队司令施塔春将军夫人的命名日。要塞内不知道港湾里出了什么事，司令部查问，

1904 年 5 月，日俄战争，日本军队占领大连。

下面回答说可能是实弹射击。直到黎明时看到军舰被炸沉的残骸横在那里，才真相大白。

海军拉开战争序幕后，日军陆军很快通过朝鲜半岛。4月28日越过鸭绿江，5月5日，开始进攻金州，这是日俄战争的第一阶段——金州会战。双方动用兵力数万之多，日军连续攻打20多日也没有拿下，俄军坚守阵地给日军以重创。5月26日夜里，雷电交加，日军发起了总攻，经过14小时的交战，以伤亡4000多人的惨重代价占领了金州，5月底占领大连湾。与此同时，俄军驻守旅顺和撤回到旅顺港的军舰也被日本海军封锁在旅顺港内，形成了瓮中捉鳖之势。为了防止俄军突围，日军将破旧舰船自沉17只，甲午海战中从中国俘获的"平远""济远"也触雷沉在两山之间，堵塞航道，俄军舰想驶出去已经不可能了。无论是海港还是陆地，日军对俄军都形成了合围。

这是日俄战争的第二个阶段——旅顺会战。最惨烈也是最重要的阶段，双方进行了血腥的绞杀战。俄军为了挽救太平洋舰队驻守旅顺的主力舰队，6月13日，从海参崴派出一支海军特混舰队南下旅顺支援，可在旅顺口外围遭遇日军，俄舰被击沉一艘，击伤一艘，搁浅一艘，其余见势不好，急忙缩回海参崴。自此俄军旅顺舰队孤守无援，其后果可想而知。数日后，旅顺港内俄军舰准备冲出旅顺港，组织五艘军舰突围，但刚一出港即遭到东乡平八郎指挥的四艘战列舰的截击，经过激烈海战，突围无望，只好又回到旅顺，这一次，俄军舰队只好向神像祷告了。至此，日军完全掌握了制海权。俄海军对突围不再抱希望，只好把舰上大炮拆下来搬到山顶要塞给陆军充当要塞炮，技术熟练的水兵充当了普通步兵的炮手。

旅顺会战打了长达5个月之久，从盛夏打到隆冬，惨烈空前。旅顺203制高点是关键一战。久拖不绝对日军不利，日本海军联合舰队及主力

1904年2月，黄兴成立资产阶级革命团体华兴会。

第三军团全被牵制在旅顺，俄军有可能从西部运来增援部队，一旦从背面夹击旅顺日军，战局就会转为对日军不利。为了尽快拿下203【当时日军称其为"尔灵山"】，11月26日，日军发动第三次进攻。12月5日，日军伤亡了近万人，终于拿下高地。近三个月的拉锯战，双方几易其手，最终日军取胜，但胜之不易，日军伤亡太大，包括第三军团司令官乃木希典的儿子乃木保典都战死在203高地。

乃木保典之墓

1905年1月1日，日军乃木希典将军带着阵亡两个儿子的伤痛，终于率得胜之师开进了旅顺港。登上要塞尔灵山巅【今称"203高地"】的乃木希典还豪情万丈地写下颂扬将士浴血奋战、抒发襟怀的诗句：

> 尔灵山险岂难攀，男子功名期克难。
>
> 铁血覆山山形改，万人齐仰尔灵山。

203高地失守后，1905年1月2日下午，陷入绝境的俄军旅顺要塞司令官斯特塞尔将军不顾众人反对，自毁鸡冠山炮台，放弃阵地，宣布投降。日军排着队开进旅顺，会战至此结束。日军参战兵力13万，亡15400人，伤44000人。俄军参战兵力累计44000人，亡10800人，伤19600人，其

1905年7月，俄国使臣要求库伦、张家口铁路权利。

余皆成为俘虏。旅顺的失败，是俄军用人不当。总指挥官斯特塞尔，从此被送外号"常败将军"。俄军陆军大臣库罗帕特金也深感此人难当大任，曾电令他将指挥权交给斯米尔诺夫将军，但斯特塞尔对斯米尔诺夫将军隐瞒了这一电令，直到战争结束以后，斯米尔诺夫将军才知道上级对自己的任命，可见俄军的荒唐。

旅顺会战结束后，日本陆军随即转入第三个阶段，即奉天会战。各路日军齐集奉天一线，与辽阳、奉天一带俄军展开决战。双方动用兵力近百万，可以说，整个辽南一带全部陷入战火硝烟之中，赤地千里。同时，

库罗帕特金（1848~1925）

全名阿列克谢·尼古拉耶维奇·库罗帕特金。毕业于巴甫洛夫斯克军事学校，早年给斯科别列夫当参谋长，获得了一系列辉煌的胜利，官至陆军上将，陆军大臣。日俄战争期间出任俄军远东陆军总司令，几乎率倾国之师与日军决战。由于他的优柔寡断，最后败给弱于自己的对手日本。在第一次世界大战期间曾短暂出任过俄军北方面军司令，十月革命后沙皇军队被缴械，库罗帕特金回到乡下，从事教学活动，卒于1925年。

斯特塞尔（1848~1915）

全名阿纳托利·米哈伊洛维奇·斯特塞尔，祖籍瑞典，出生于俄国，是俄国陆军中将。日俄战争期间任旅顺要塞俄军总指挥。斯特塞尔担不起要塞重任，库罗帕特金曾电令其将要塞指挥权交给米尔诺夫将军，但斯特塞尔隐瞒了这一电令，直到战争结束，斯米诺夫将军才知道上级对自己的任命。1905年1月1日下午，乃木希典在攻下203高地后，下令攻打鸡冠山工事，斯特塞尔没有组织有效抵抗，而是派人打白旗投降。乃木希典极为意外，以为俄军会困兽犹斗，没想到会兵不血刃。第二天两人会面，斯特塞尔将自己心爱的白马赠给了乃木希典。俄军司令部大怒，立马召其回国，送交军事法庭，最初判死刑，后改为10年监禁，1909年被尼古拉二世赦免，1915年病死。

1905年5月15日，袁世凯委任陈昭常、詹天佑为京张铁路总办。

日军联合舰队也开始与俄军太平洋舰队展开决战，5月27日，日俄双方十几艘军舰在对马海峡附近展开激战，最终俄军惨败。28日，俄军舰队司令涅波加多夫向日军投降，至此海上决战结束，俄军死伤5000人，近6000人被俘。日军仅损失三艘军舰，伤亡700人左右。

就在日军第三军团攻打旅顺的同时，其他部队已经在辽阳、沙河口一带与俄军展开激战，最后双方集结重兵，在奉天一线摆开决战。1905年2月中旬，日军在奉天长达100多公里的战线上集结了5个军27万人，1082门火炮，200挺机枪。俄军沿沙河一线集结了3个集团军，共33万人，火炮1266门，机枪56挺。奉天战役是日俄战争中最大一战，也是最后一战。这一战的前奏是黑台沟会战，俄军作战计划是陆军大臣库罗帕特金亲自制订的，用两个集团军近10万人突击日军主要阵地。距离奉天西南约40公里的一个小村，实际上这个小村日军相当薄弱，只有8000多人，面对俄军几乎是两个整编师的哥萨克冲锋队，日军没有畏惧，大规模使用机枪，把俄军哥萨克冲锋队打得尸横遍野。2月23日，由于旅顺方面集结过来的第三军团乃木希典的加入，日军的劣势得到改变，已达27万人，双方正式展开奉天会战的最后总攻，打得极为残酷。从3月4日开始，到3月11日，尽管日军对俄军形成包围之势，但俄军毕竟实力不弱，双方旗鼓相当的时候，一方战胜另一方似乎是件困难的事，加上中东铁路和西伯利亚大铁路不断运送后援，日本无法吞掉俄军，最终还是让俄军突围而去，战役结束。俄军总损失12万人，日军损失7万人。

双方都没有能力再组织交战，日俄战争至此算是暂时画上了句号。

这场战争持续了13个月，规模之大，伤亡之惨，均为罕见。仅日本一国所消耗战争经费高达15.2亿日元，动员的兵力近110万。俄国所耗人力物力，均不在日本之下。战争使日俄两国精疲力竭。日本所有陆军13

1905年9月，日俄双方在美国签订了《朴茨茅斯条约》，日俄战争结束。

个师团全部投入战场，战后几乎没有一个师团是完整的。为了这场战争，日本修改了征兵令，服役年龄从 32 岁延至 37 岁，动员能力已接近极限。乃木希典的第三军团是日军的王牌军，在旅顺会战中元气大伤，他的两个儿子均战死在旅顺。胜利归国时，乃木希典抱着儿子的灵牌立于船中迎风洒泪，伤痛中赋诗抒怀：

> 皇师百万征强虏，野战攻城尸做山。
>
> 愧我何颜见父老，凯歌今日几人还。

悲怆之情溢于言表。回国后，日本天皇为他们组织凯旋式，在祝捷欢迎的大会上，乃木希典的第一句话就是："吾乃杀乃兄乃父之乃木是也。"只这一句，欢迎的人群哭成一片，恸思战死的亲人。由此可见，战争的结果没有赢家。

蒙受战争灾难的不只是日俄两国，更惨的是中国。这场战争竟以中国的东北为战场，东北人民在长达 13 个月的时间里惨遭兵火蹂躏，流尸漂杵，哀鸿遍野，生灵涂炭，赤地千里。日俄两军构筑炮台、挖掘战壕、修垫车道时所拆毁民房、毁坏民地、砍伐树木、驱使民工，数量惊人，这些灾难性的损失，无一不由东北人民来承担。战后待赈灾民达 38413 户。据俄军统计，俄军粮秣的 85% 取自中国东北，约 90 万吨。清廷方面统计，东北人民死于战火的约 2 万人，耕地数十万亩，民房破坏近万间，遭难家庭 8400 多家，难民 12 万之多，无家可归逃到沈阳城里就高达 3 万多人。牛马牲畜不计其数，财产损失折银约 7000 万两，是清王朝一年的国税银收入。

至此，不得不提一下清政府。日俄宣布开战的第三天，也就是 1904

1905 年 5 月，北洋六镇新军全部练成，共计 7 万人。

年的 2 月 12 日，清政府宣布"局外中立"，并下令地方政府让百姓也远离交战区，并划定日俄交战区域在辽阳以南。日俄两军根本就不会理会清政府划定的区域，交战双方出于战略战术需要，很难事先约定界线，这种划界的本身就很幼稚和缺乏应有的军事常识。

其实，客观看历史，当时的清政府是一种无奈，也只能如此。一是清政府在东北的军队少得可怜，不足 10 万，能作战的军队更少，且装备落后，没有战斗力，与俄军、日军相较，实力太悬殊。二是经历了甲午战争的清政府，与日本的关系降至冰点，同时更看清了俄国的真是目的，尤其是八国联军进北京，俄军率先攻进北京，俄军人首先背信弃义，置《中俄密约》于不顾。此时的清王朝，也早把《中俄密约》视为废纸。此时清政府采取视而不见是可以理解的，也是明智的。不参与就是一种态度，一种对西方列强瓜分东北的抗议和无奈。

日俄战争，由于俄国战败，日本成为亚洲真正具有实力的军事强国。从战争获益的日本，也成为综合实力上的强国，这极大膨胀了日本全民族的野心，从此开始了军事扩张，成为战争成性的军国主义国家。

日俄战争，沙俄元气大伤，这个庞大的帝国不得不屈居日本之下，割让出许多在华利益，同时，也让中国一些有识之士看到国体之虚弱，改革之声高涨，强国之势汹涌，这也直接推动了中国的立宪运动。日俄战争，也可以说是一条大铁路引发的血拼，却导致了中日俄三国地位的巨大转换。

第十一章　拉起沉重的战争——中东铁路

就在霍尔瓦特就任中东铁路管理局局长的第二年，爆发了日俄战争。日俄战争不仅是两军战场上面对面的绞杀，也是后方补给实力的较量。日本主要通过海上补给和朝鲜半岛上的补给，而俄国凭借的就是大铁路。中东铁路的轨制同俄国境内的火车一致，而铁路方面颁行的《中东铁路公司章程》中也明确规定，中东铁路的运行体制和俄国一致，包括使用信号，铁路工作人员制服等等，一切都是俄国的。这样，俄国从赤塔方面开过来的火车就可以长驱直入，畅通无阻，而中国的火车却无法通行。一列列满载俄国移民、军队、军火、粮食的列车源源不断开进中国东北。

日俄战争期间，为了铁路畅通无阻，防止中国人民反抗破坏，沙俄方面颁布政令，对中东铁路加强防范。中东铁路管理局照会中国黑龙江铁路交涉局，提出俄军要在铁路两侧25俄里内巡逻，在江桥、隧道等重要地段，每隔3里设一兵站，每个兵站派30名哥萨克兵驻守。沙俄远东总督也发布《令华民保护铁路告示》，若有损坏铁路，25俄里以内的村庄，罚金以示惩戒，后仍不悛，要将村庄尽皆烧毁。两国交战，在第三国，是国际上少有的先例，而俄方又如此强硬颁发战时铁路管理要令，是无视中国政府的尊严。尽管中国政府宣布局外中立，可实际上，战争毕竟发生在中国土地上，无视主权国家，这本身就是侵犯行径。

战争打响，辽南大地一片硝烟。

霍尔瓦特已经别无选择。中东铁路选择了霍尔瓦特，战争又选择了中

1904年2月，清朝外务部宣布中国对日俄战争"严守局外"的中立态度。

巴林站兵营

磨刀石站兵营

海拉尔站兵营

铁岭站兵营

1904 年 7 月 13 日 俄国西伯利亚铁路竣工通车。

哈尔滨军区司令部大楼

博克图站兵营

齐齐哈尔站兵营

横道河子站兵营

　　1904年，清朝第一部直接与创办公司有关的法律《公司律》奏准颁行。

东铁路。战前，中东铁路每昼夜只能开 7 对客货和军用列车，战争爆发后，为了迅速集结军队，就必须提高铁路的运输能力。沙皇尼古拉二世亲自发布诏令，中东铁路主干线【满洲里到绥芬河】的通车能力每昼夜应达到 7 对军用列车，南支线【哈尔滨到旅顺】每昼夜应通过 14 对军用列车，至少不得低于 12 对。除了保证上述军用列车通行外，还要保证每昼夜有 3—4 对普通客货列车通过，这就使铁路满负荷或超负荷。尽管如此，还是达不到陆军大臣库罗帕特金对开 14 对的要求。

中东铁路开工仪式

1904 年 5 月，日俄战争，日本军队占领大连。

实际上，这是让霍尔瓦特很头疼的事情。中东铁路刚刚开始正式运营，机车和车辆储备严重不足，这不仅是影响铁路运力的问题，而且事关军队能不能在指定的时间地点完成集结、决定战场主动权的重大问题。俄国陆军大臣兼满洲野战军总司令的库罗帕特金前往沈阳时一再宣称："每增开一列军车，就使我们前线增加一个军团的兵力支配，对战争的胜负起决定作用。"这使霍尔瓦特压力很大。

日俄战争期间，霍尔瓦特没有休息日，他使尽浑身解数来求得增加机车和车辆，到1904年5月末，原定从俄国西伯利亚铁路运往中东铁路使用的机车为225台，而实际运到的只有33台。为尽快提高运力，还需要2500多辆车厢。为了加紧集结部队运送物资，中东铁路采取了轻重货搭配的办法，把普通货车与军用辎重装在不带厢的平板车上转运，同时动用海上和公路运输力量。

火车增加运力，燃料成了大问题。当时，中东铁路用煤全部由俄国从海上运入，大多储存在旅顺、大连和营口三个储煤场。为了将这些煤运到铁路沿线使用，就需要大约25天左右。为了增加煤炭储备，必须寻找和开发新的煤矿。为此，霍尔瓦特加速开发了黑龙江省鸡西煤矿和满洲里附近的扎赉诺尔露天煤矿。同时，他不顾中国政府反对，强行非法开采抚顺露天煤矿。这样，主干线东西两段和南支线的煤炭问题得以暂时解决。为了采矿需要，霍尔瓦特在通往矿井的地方铺设了铁路专用线。其实，即便使用铁路公司和吉林、黑龙江两省签订的《吉林展地合同》《黑龙江铁路用地合同》及与两省签订的《铁路煤矿合同》，从下城子站到鸡西也有60里的距离，鸡西煤矿和抚顺煤矿皆不在铁路沿线。为了战争需要，俄国强行采矿，清王朝和吉林将军也无计可施。

日俄战争爆发后，由于运力紧张，霍尔瓦特不得不减少普通列车的运

1904年3月，清廷批准设立户部银行，这是中国第一个官办银行。

辽宁烟台矿（今辽宁灯塔）

施工队伍在中东铁路附近开采煤矿

1905年7月，俄国使臣要求库伦、张家口铁路权利。

扎赉诺尔矿

输。大批军用物资到达哈尔滨后急需要上南支线，可是一时运不走，又没货场，就堆在露天地里，风吹雨淋，都可能造成损失。还有从战场下来的伤员，也急需转回国内就医。霍尔瓦特很着急，更让他苦不堪言的是，军用房屋太少，所有的铁路用房都被占用也还是不解决问题，伤员只好住在车厢里，这使原本就紧张的车厢更是雪上加霜。更有甚者，太平洋舰队司令斯塔尔克海军上将为了每天早晨喝咖啡时能调上一杯新鲜的牛奶，竟然占用一节车厢为他装一头奶牛随他到处转移。本来车厢就告急，没别的办法，霍尔瓦特把铁路办公用房，还有他自己的住房，都用来住伤员，把占用的车厢腾出来。再后来，停止一切普通货物运输，所有的机车全部用来军用。私人货物几乎全部停止，大批货物堆在哈尔滨露天货场，任凭风吹雨淋，让货主叫苦不迭。

　　战争开始时，霍尔瓦特是上校军衔，作为一名下级军官，他既要服从沙俄军队后方总司令那达洛夫的直接领导，又要听从各军事机关和部队长

1905 年 5 月 15 日，袁世凯委任陈昭常、詹天佑为京张铁路总办。

霍尔瓦特大街（今站前中山路）

官的指挥。政出多门，弄得他不知该听谁的，每天都像陀螺一样旋转，疲惫不堪。最让他头疼的是，稍有不如意处，他就会被骂个狗血淋头。好在霍尔瓦特极有克制力，也极温和，这大概也是他所以能一直为中东铁路员工所接受的主要原因吧。

为了更好地运送军用物资和兵员，铁路员工不得不加班加点，一个人每天要干平时四个人干的活，超强劳动让每个员工都难以支撑。站务员奥库恩【俄员工】一天晚上值班，进站列车看不见光亮，原来是奥库恩已经连续三昼夜没合眼，也没休息，竟然坐在值班室睡着了，致使两列火车相撞。尽管没造成人员伤亡，可按战时法，奥库恩被送上了军事法庭，是霍尔瓦特出庭为他辩护，最后法庭判奥库恩无罪。战争期间，霍尔瓦特亲临旅顺前线指挥运输，几乎是冒着枪林弹雨，这也为他争得了荣誉。

正是由于霍尔瓦特的努力，到了1905年的时候，中东铁路南支线已经一昼夜通行18对，而绥满线也开通12对，这不能不说是个奇迹。1904

年 8 月，中东铁路总公司董事会电贺霍尔瓦特，表彰他在日俄战争中的突出贡献，并通知他财政大臣维特已提议将他晋升为少将军衔。可是，俄军最后惨败，尤其是沙河和奉天会战中，总司令库罗帕特金优柔寡断，一再失去战机和主动权，在急需往前线运炮弹的时候，他却占用很多节车厢往前线运送小圣像，试图通过圣像提振士气，结果在日军大举进攻面前，圣像没能挽回败局。霍尔瓦特的晋升也停留在纸面上，一年后晋升令才得以下达，并直接晋升了中将。如此破格晋升霍尔瓦特的军衔，可见不仅仅是他在日俄战争优异表现问题，更是沙俄对这条大铁路的器重，并加重军事管理的砝码。

俄军战败后，大批俄军需要运回国内，霍尔瓦特昼夜奔忙，直到把最后一批俄军和伤员从哈尔滨送上列车，才长出一口气，回去休息。战后，霍尔瓦特加速治理中东铁路，为的是增加运力，以防将来的战争急需。此后的十几年里，霍尔瓦特为中东铁路倾尽心血，尽管他是为沙皇服务，代表俄国贵族的利益，可对中东铁路，对中东铁路的完善和运营能力的提高是有贡献的，更对中东铁路充满情结，这也是他后来被迫辞职也未能离开中东铁路，未离开中国的主要原因之一。

中东铁路——霍尔瓦特的不了情。

1905 年 11 月，中国同盟会机关报《民报》在日本发刊，孙中山首次提出"三民主义"。

第十二章　中国领土、日俄战争、美国缔约
——朴次茅斯谈判

1904年2月8日至1905年3月11日，弥漫了13个月的日俄战火终于以俄军失败平息下来。1905年5月，美国介入调停，交战双方都疲惫不堪，同意坐下来谈判。

历史往往是和后人开玩笑的。日俄战争，在中国的土地上，最后交战双方竟然跑到大洋对岸的美国去谈判。美国作为调停国，摆出一副和事佬的姿态。中国作为观察国，曾要求派员到美国参加谈判，但遭到日俄双方反对，只好作罢。清政府当即对日俄双方发表声明，提出中国的严正立场，日俄议和条款内倘有牵涉中国事件，凡未经与中国商定者，一概不予承认。正因如此，日俄双方在议和期间，尽管没把中国政府放在眼里，担心国际影响和美国政府的反对，双方或多或少考虑到了中国政府的主张与声明。

双方开始激烈的多轮谈判。1905年8月10日，由时任美国总统的西奥多·罗斯福协调，双方开始讨价还价。此罗斯福是二次世

西奥多·罗斯福（1858~1919）
　美国军事家、政治家，第26任总统。1901年，罗斯福由副总统继任成为美国总统。在总统任期内，罗斯福对内实施资源保护政策，推行公平交易法案；对外奉行门罗主义，实行扩张政策，建设强大军队，干涉美洲事务。1906年，罗斯福因成功地调停了日俄战争，获得诺贝尔和平奖，是第一个获此奖项的美国人。

　1905年9月，日俄双方在美国签订了《朴茨茅斯条约》，日俄战争结束战争。

界大战时富兰克林·德拉诺·罗斯福总统的远房堂叔，42岁任美国总统，和后来的克林顿任总统年龄相当，为美国有史以来最年轻的总统。在西奥多·罗斯福的协调与主持下，谈判在美国新罕布尔什州的海军基地朴次茅斯进行，中国因无权参加，这期中的许多涉华条款，都是未经清政府允许和同意的。日俄双方的理由是，中国是局外中立国，谈判是交战方的事，与中国政府无关。

日方谈判代表是外相小村寿太郎，率副手高平小五郎。

俄方代表是全权大臣斯·尤·维特，率外交官罗善。

小村寿太郎【1855~1911】是日本杰出的外交官，继承前外相陆奥宗光外交宗旨，一贯主张大陆政策。在日本推行大陆政策的每一个重要环节中，小村寿太郎都体现出过人的才华。特别是作为外务大臣，他在"日英同盟""日俄战争""满洲问题""日韩合并"等重大事件的处理中，更有着不俗的表现，极尽全力为日本谋利益。维特也是俄国不俗的人物，从财政大臣到交通大臣，兼具外交才能，更是谈判老手，中国最具外交能力的谈判高手李鸿章也不得不佩服他，正是在与他的谈判后，李鸿章签下了《中俄密约》。

双方都派出了谈判高手，结果可想而知。多轮谈判各不相让，日本是以战胜国的姿态，而俄罗斯并不服输，而且西伯利亚大铁路已经全线铺轨，具备正常通车能力，加上中东铁路，运力增加一倍，可以在短时间内调动上百万军队，况且黑海舰队正在补充太平洋舰队，俄方摆出可以再次一战的姿态。日本鉴于此战消耗过大，国内的财力和物力甚至是兵力都不足以支持继续打下去，也乐得接受美国的调停。美国在中间调停，双方各打自己的如意算盘。双方谈判的焦点在于辽东湾，俄国想继续在旅顺驻军，而日本最想要的也是旅顺口军港，作为战胜方，日本显然是不能接受俄国继

1905年10月，我国第一条自建铁路——京张铁路开工，詹天佑为总工程师。

续驻军的，尤其是俄国旅顺驻军打着白旗投降，日军已经控制了旅顺要塞，俄国想要回旅顺，只有再战。在俄国看来，日本一旦在旅顺驻军，俄国想占领东北或控制远东，就会是一场黄粱美梦。俄国也坚决不同意日本在中国东北驻军。谈判的结果是，俄国可以让出辽东湾租界地，包括中东铁路辽南段，就是不能让日本来驻军。日俄僵持不下，是美国多方调解，加上中方主张，经过25天的艰苦谈判，最后双方签订了《朴次茅斯和约》，史称《朴次茅斯条约》。这样，双方各让一步，都不在中国东北驻军。《朴次茅斯条约》第三条款明确规定：

【第三条】日俄两国互相约定各事如下：

一、除辽东半岛租借权所及之地域不计外，所有在满洲之兵，当按本条约附约第一款所定，由两国同时全数撤退；

二、除前记之地域外，现被日俄两国军队占领及管理之满洲全部，交还中国接收，施行政务；俄国政府声明在满洲之领土上利益，或优先的让与，或专属的让与，有侵害中国主权及有违机会均等主义者，一概无之。

附约第一条款：

【第一条】此条应附于正约第三条。日俄两国政府彼此商允，一候讲和条约施行后即将满洲地域内军队同时开始撤退；自讲和条约施行之日起，以十八个月为限，所有两国在满洲之军队除辽东半岛租借地外，一律撤退。

两国占领阵地之前敌军队当先行撤退。

两订约国可留置守备兵保护满洲各自之铁道线路，至守备兵人数，每一公里不过十五名之数，由此数内，日俄两国军司令官可因时酌减，

1905年7月，俄国使臣要求库伦、张家口铁路权利。

以至少足用之数为率。

满洲之日本国及俄国军司令官，可遵照以上所定，协商撤兵细目，并以必要之方法从速实行撤兵，无论如何不得逾十八个月之限。

这大概算是中国清政府宣布中立所获得的最大的渔翁之利了。

实际上，日本是最大的赢家，中东铁路被掐头砍了一刀，将辽南俄国租界地归日本，中东铁路宽城站【长春站】以南归日本经营。这是中俄两国合股修的铁路，俄方谈判时竟单方面转给日本，并不征得中国政府的同意，无视了中国的主权和利益。实际上，日本占据旅顺，就控制了东北所属海域的战略要点，从而达到控制中国东北之目的。最重要的是，俄国承认了朝鲜归日本管理，日本达到了日朝合并的初级目标。这场战争，受伤害最大的是中国和朝鲜。谈判的结果，也是以损害中朝两国利益而收场的。

朴茨沃斯谈判

1905 年 11 月，中国同盟会机关报《民报》在日本发刊，孙中山首次提出民族、民权、民生的"三民主义"。

《朴次茅斯条约》共有 17 款，正约 15 款，附约 2 款。

依据中文译本归纳主要内容，共有六个方面：

一、沙俄承认日本在朝鲜享有政治、经济及军事特权，俄国不得干涉（其第二条款规定：俄国政府承认日本国于韩国之政治军事经济上均有卓绝之利益，加指导保护监理等事，日本政府视为必要者即可措置，不得阻碍干涉。在韩国之俄国臣民，均应按照最惠国之臣民一律看待，不得歧视。两缔约国为避一切误解之原因起见，彼此同意于俄韩两国交界间不得执军事上之措置，致侵迫俄韩两国领土之安全）；

二、俄国将从中国取得的旅顺口、大连湾的租界权及其附属特权，全部转让给日本（其第五条款规定：俄国政府以中国政府之允许，将旅顺口、大连湾并其附近领土领水之租借权内一部份之一切权利及所让与者，转移与日本政府，俄国政府又将该租界疆域内所造有一切公共营造物及财产，均移让于日本政府。两缔约国互约，前条所定者，须商请中国政府允诺。日本政府允将居住前开各地内之俄国臣民之财产权，当完全尊重），并将其所获得的中东铁路南满段及其支路、利权、煤矿等相关附属设施及产业，无偿地转让给日本（其第六条款规定：俄国政府允将由长春（宽城子）至旅顺口之铁路及一切支路，并在该地方铁道内所附属之一切权利财产，以及在该处铁道内附属之一切煤矿，或为铁道利益起见所经营之一切煤矿，不受补偿，且以清国政府允许者均移让于日本政府。两缔约国互约前条所定者，须商请中国政府承诺）；

三、既然是中国的东北领土，俄国将这些权利转让与日本，须征得中国政府同意；

四、俄国将库页岛北纬50度以南割让给日本（其第九条款规定：俄国政府允将库页岛南部及其附近一切岛屿，并各该处之一切公共营造物及财产之主权，永远让与日本政府；其让与地域之北方境界，以北纬五十度为起点，至该处确界须按照本条约附约第二条所载为准。日俄两国彼此商允在库页岛及其附近岛屿之各自所属领地内，不筑造堡垒及类于堡垒之军事上工作物；又两国约定凡军事上之措置有碍于宗谷海峡及鞑靼海峡航行自由者，不得施设。其附约第二条规定：第二条　此条应附正约第九条。两订约国一俟本约施行后须从速各派数目相等之划界委员，将库页岛之俄日两国所属确界划清，以垂久远。划界委员应就地形以北纬五十度为境界线，倘遇有不能直划必须偏出纬度以外时，则偏出纬度若干，当另在他处偏入纬度内若干以补偿之。至让界附近之岛屿，该委员等应备表及详细书，并将所划让地界线绘图签名，呈由两订约国政府批准)，并同意日民在俄国沿岸的日本海、鄂霍次克海、白令海经营渔业（其第十一条款规定：俄国当与日本国协定允准日木国臣民在日本海、鄂霍次克海、白令海之俄国所属沿岸一带有经营渔业之权。前项约束，经双方同意，不得影响俄国及外国臣民在彼处应有之权利。)；

五、双方进一步同意不干预中国在东北的商业和工业发展，并增开东北口岸（其第四条款规定：日俄两国彼此约定，凡中国在满洲为发达商务工业起见，所有一切办法列国视为当然者，不得阻碍)；

六、日俄双方在各自的铁路沿线驻扎护路部队，每公里不超过15名士兵，除辽东半岛的铁路外，中国东北的铁路只用于商业、工业和民用，不得用于政治目的（其第七条款规定：日俄两国约在满

1905年12月，清政府选派宗室出国留洋，学习武备。

洲地方，各自经营专以商工业为目的之铁道，决不经营以军事为目的之铁道。但辽东半岛租借权效力所及地域之铁道不在此限）。

此外，《朴次茅斯条约》还规定双方如何约定、如何交换战俘、如何执行等一些与中国无关的内容。自此，中东铁路宽城【长春】以南割给日本，日本人称之为"南满铁路"。长春以北包括绥满铁路始称中东铁路长春段，简称"中长铁路"。1945年"八一五"日本投降后，苏联政府一度重新接管了中东铁路，正式收回南满铁路，一并称为"长春铁路"或"中长铁路"。

《朴次茅斯条约》第一次让中东铁路开始分割。

该条约于1905年10月4日由日本枢密院批准。尽管日本通过条约取得了很多收获，在中国东北获得大量产业及矿产森林资源，包括得到了俄罗斯的半个库页岛等，但这并不是日本民众预期中的结果，更不能满足日本扩张势力极度膨胀的野心。因为日本在最初的谈判中已要求俄国割让整个库页岛并赔偿战争军费等，一部分右翼积极分子更主张将伊尔库茨克以东的俄国领土割让给日本，相当于日本现有领土的20倍左右，这种狮子大开口，俄国宁可再开战端也不会答应。所以，这种落差所造成的挫折和不满情绪引发了同年的日比谷纵火事件，而以首相桂太郎为首的内阁亦于次年1月集体辞职。

《朴次茅斯条约》的签订，也产生了一系列历史影响，不仅在国内，在国际上，日本与美国关系开始分裂。日本在中国东北和朝鲜半岛获得的特权，都与美国的门户开放政策相抵触，从此，两国维系50年之久的友好关系开始产生摩擦。其次是中国民众自此反日反俄情绪高涨，一些激进民众更是表露出难以压抑的对朝廷的不满，尤其是对慈禧的不满。

1904年的日俄战争后，两国瓜分辽东半岛利益，等于让中国失掉了辽

1905年2月，俄国爆发1905年革命，是反对沙皇专制统治的一系列起义，但都失败。

慈禧大寿邮票

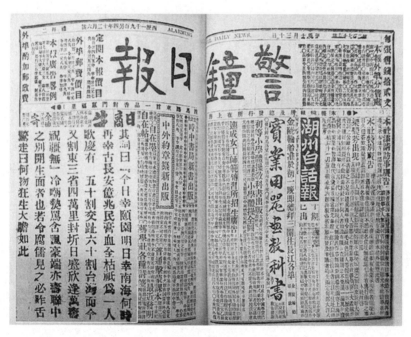

林白水对联

1905年11月，中国同盟会机关报《民报》在日本发刊，孙中山首次提出民族、民权、民生的"三民主义"。

东。辽东是清王朝的祖祥地，失掉辽东让大清王朝颜面扫地。这一年，恰逢慈禧七十大寿，朝廷又按惯例给老佛爷祝寿。当时上海《沪报》发表了一副署名为林白水写的对联："今日幸西苑，明日幸颐和，何日再幸圆明园，四百兆膏髓全枯，只剩一人何有幸；五十失琉球，六十失台海，七十又失东三省，八万里版图弥蹙，每逢万寿必无疆。"讽刺慈禧每逢过生日，国家都割地赔银。这副对联后来出现不同版本，作者也有不同说法，其中一个版本传说为章炳麟【号太炎，清末民国初年学者、思想家、教育家，为蔡元培好友】："今日幸南苑，明日幸北海，何日再幸古长安，叹黎民膏血全枯，只为一人歌庆有；五十割交趾，六十割台湾，七十更割辽东地，痛赤县邦圻益蹙，每逢万寿祝疆无。"不管出自谁的手，这副对联说的都是实情。1884 年，慈禧五十大寿，中法战争，海战失利，在张之洞率军打击下，陆军大败法军，可最后竟然签约将交趾【今越南】的保护权划给了法国，琉球本是中国的领土，竟然割给了日本；1894 年慈禧六十大寿，甲午战争失败，我们又割掉了台湾和澎湖列岛给日本。1904 年，慈禧七十大寿，日俄战争，本来清政府是宣布局外中立的，最后又让双方转让辽东半岛的权益。慈禧的大寿日，竟成国家割地日，所以才有人讥讽"每逢万寿祝疆无"。

失掉辽东，最重要的是，让中国人看到了日本一个弹丸小国，竟如此快速强大起来，分析原因，归结到日本的立宪制。一些有识之士开始上书，迫使慈禧将代议政制列入清政府的改革大纲中。

1907 年 7 月，《日俄协定》和《日俄密约》在彼得堡签订，日俄两国互相勾结，重新划分势力范围，第一次提出所谓"南满""北满"的称呼。

第十三章 南满铁路——刻在中华民族的心头之痛

日本有了南满铁路之后，终于实现了部分野心，开始进行大规模的资源掠夺，对铁路沿线及纵深地带的森林、煤炭等资源进行掠夺性采伐。南满铁路成为日本的掠夺路，也成为中国人民的心头之痛。日本与俄国不同，沙俄修筑铁路，更大的是战略利益，而日本是赤裸裸地掠夺资源，他们的梦想就是大陆战略。他们想搬家，想把日本搬到中国东北，把东北视作他们的第二国土。可是，有强大的俄国挡在面前，举国搬家到满蒙的计划一时难以实施，剩下的就是掠夺。移民，掠夺，是日本试图长期占据满洲的主要手段。

1905年9月，日本正式从俄国人手里接管了宽城子【长春】以南段的

南满铁路总部

1906年12月，萍浏醴起义爆发，这是同盟会成立以后发动的第一次武装起义。

瓦房店至大连间施工图（1899年）

中东铁路，日本便将中东铁路宽城以南段正式更名为满洲铁路，并成立了满铁株式会社。最初，日方是要求哈尔滨以南为界划割铁路，俄方坚决不同意，最终划到宽城子界点，但车站归属问题成了谈判的焦点。日本主张将宽城站建成日俄共同使用的车站，俄国坚持不让。日方也坚持端点应从站房开始，双方僵持不下。最终俄方于1907年6月13日，以支付56万卢布给日本为代价，保留了宽城子火车站的所有权，双方同意以宽城子站站房以南为两国铁路分界点。

自1904年5月，日本陆军专门成立了铁路提理部，来管理铁路，使其半军事化。1905年12月19日，提理部完成参战部队归国运输任务后，铁路便开始了改造。在其所管区域内保留和新设的干线车站有大连、南关岭、大房身、金州、三十里堡、普兰店、瓦房店、得利寺、万家岭、熊岳城、盖平、大石桥、海城、汤岗子、鞍山站、烟台、苏家屯、奉天、虎石台、新台子、铁岭、开原、昌图、双庙子、四平街、郭家店、公主岭、范家屯、宽城子。1907年4月1日，满铁开始营业时，它所管辖的铁路干线大连至

1906年3月，日本交还奉新铁路给中国。

孟家屯【今长春南站】695.2 公里，同年 7 月又接收孟家屯以北 8.5 公里，共计 703.7 公里。在以后的 40 年里，日本为在中国东北攫取资源，又修建了一些支线铁路。截止至 1943 年 10 月 1 日，满铁已建成通车的铁路，计有新线 5149.9 公里和复线 888.6 公里，形成了东北高密度的铁路网络。

1905 年 10 月 18 日，由陆军大将大岛义昌担任关东总督。10 月 31 日，关东总督府设于辽阳。1906 年初，日本在辽东半岛陆续建立起完整的管理机构，主要有四大机构，关东厅、关东军司令部、日本领事馆和南满洲铁道株式会社【简称"满铁"】，开始从政治、军事、外交和经济等方面对中国东北进行全面渗透和控制。关东厅原为关东总督府，隶属于日本外务省。5 月迁至旅顺，成为日本侵略者在中国东北的最高权力机关。

1906 年 6 月 7 日，日本天皇发布第 142 号敕令，公布设立"南满洲铁道株式会社"的相关文件。7 月 13 日又成立了满铁筹建委员会，儿玉源太郎为委员长。儿玉源太郎曾任台湾第四任总督，他极力举荐时任台湾总督府民政长官后藤新平出任满铁总裁。后藤新平是医生出身，心狠手辣，1902 年在任期间曾颁布法令，处死台湾民众 3 万 3000 多人，超过当时台湾总人口的百分之一。7 月 22 日晚，儿玉源太郎约见后藤新平。后藤向儿玉

儿玉源太郎（1852~1906）

日本近代陆军名将，被誉为"明治时期第一智将"。曾任桂太郎内阁的陆军大臣、内务大臣，台湾总督等重要职务。他因特别注重军事力量和经济力量的良性循环，被称为"丰臣秀吉再世"。日俄战争时，他任满洲军总参谋长，是攻克旅顺口的实际指挥者。他与桂太郎和川上操六并称明治陆军三杰。南满铁路的实际创立者。

1908 年 4 月 5 日，中俄重订《黑龙江铁路公司伐木合同》。

建议，"日本在满洲必须重点经营铁路，其余依次为开发煤矿，从本土移民和发展农业、畜牧业。如此才能有实力与俄国再次进行决战，或者为全面占领中国作好准备。"由此可见，日本是把东北作为跳板，为全面侵华做准备，来一步步实现其大陆政策。意外的是，儿玉源太郎突然暴死，后藤新平转而投靠继任者寺内正毅，寺内答应其出任满铁首任总裁一职。

1906年11月2日，满铁在东京正式挂牌成立，资本金2亿日元，其中日本政府以实物投资承担一半，对民间投资则保证按年利六厘分红，股东主要是日本皇室、贵族和官僚。如三菱银行的庄田平五郎、正金银行的园田孝吉、安田银行的安田善次郎、三井物产的益田孝、第一银行的涩泽荣一、兴业银行的添田寿一、日本银行的高桥是清、日本邮船的近藤良平等。1907年3月5日，满铁根据第182号天皇敕令，将总部从东京迁往大连儿玉町【现团结街】原关东都督府民政部办公楼，东京则改为分社。1907年4月1日，"满铁"正式开业，下设调查部、总务部、运输部、矿业部及地方部。至此，影响中国东北乃至整个中国近代史的重要机构——"满铁"，正式粉墨登场。

1907年，满铁开始铺设复线，到1934年，历时27年，实现双向通车，

满铁大连本部

1909年9月4日，中日签订《间岛协约》，日本在华利益扩大，引起美国不满。

并建设了多条支线。主线穿行于丘陵与平原之间，无隧洞，桥涵亦少，整个线路系重型钢轨碎石道床，是牵引力强、通过能力高、货流密度大的铁路之一。沈阳至鞍山一段货流密度最大。南下货物以煤、石油、木材、非金属矿石、矿建材料为主。北上货运量较小，主要物资为非金属矿石、矿建材料、钢铁、粮食等。长大线支线较多，沿线与沈丹线、沈锦线、沈吉线、沟海线、苏抚线、辽溪线、铁法线、开丰线、金城线、旅顺线等线相接。

　　自接管铁路那天起，满铁就陆续对原俄国修建的铁路进行机车、车辆和道轨轨制的改造，以防再度发生战争，若再战，俄国根本无法使用这段铁路。为此，日本从国内运来机车和客货车以及轨条，原俄国留下的车辆和机车全部改造后运往台湾的纵贯线。日本铁路的轨距是 1067 毫米的窄轨，国际通用轨距为 1435 毫米，称为准轨，而俄制的轨距是 1520 毫米，称为宽轨。所以在修复被俄军破坏的铁路和桥梁的同时，还要将轨距缩小至 1435 毫米。1908 年 5 月完成南满改轨工程【1935 年 8 月 1 日长春至哈尔滨间改标准轨距完工】。

　　满铁也是一条充满战火硝烟的铁路。1931 年 9 月 18 日晚上，日军驻扎在中国东北的"关东军"第二师团，将沈阳北郊柳条湖村附近南满铁路的一段路轨炸毁，反诬中国军队破坏铁路，以此为借口，向沈阳驻军北大营发动进攻，6 小时后将沈阳全城占领，制造了震惊中外的"九一八"事变。柳条湖不是湖而是村名，面积近 8 平方公里，多为柳林丛生的沼泽地，还有少部分菜地和庄稼地，散乱地分布着 20 来户人家。北大营距沈阳老城区约 5 公里，原为张作霖麾下东北军的一座大兵营，驻守着沈阳守备部队王以哲整编旅，四个团。沈阳沦陷后，王以哲部被迫撤到西安。当时，依王以哲是要以死和日军开战的，可张学良不同意，下令撤走。王以哲是含着泪向沈阳城深深鞠了一躬才离开北大营，回家探视了一眼家人，第二天扮成普通市民混出沈阳城城门。

1911 年 10 月 10 日，武昌打响第一枪，辛亥革命爆发。

嫩江桥抗战

王以哲（1896～1937）

字鼎芳，东北军陆军中将。"九一八"事变时，王以哲任陆军中将旅长驻守沈阳北大营，辖满编四个团。张学良下令不予还击，希望谈判解决，王以哲含泪撤出沈阳，去西北后主动与延安接触，促成张学良与延安八路军的合作。西安事变后，南京当局扣押了张学良，东北军旧部请示核心主帅王以哲，要用武力救出张学良，王以哲考虑到日军占领东北，国难当头，兄弟操戈只能于日军有利，坚决制止。1937年2月2日，王以哲在西安被激进分子暗杀。1955年，经周恩来证实，王以哲为共产党员，并追认为烈士。

　　除了南满铁路，满铁还获得了安奉铁路的经营权。安奉铁路即安东【今丹东】至奉天【今沈阳】，日俄战争期间，日军从俄军手里获得了未来得及铺轨的铁路路基，擅自修筑了一条轻便铁路，全长261公里，1904年动工，1905年竣工。战后日本在中日《会议东三省事宜》附约中获得了将该路改成标准铁路继续经营15年的特权。满铁于1907年4月接管该路，清政府反对将安奉铁路并入满铁。但满铁仍遵照日本政府的指令，着手改建。1909年8月强行动工，1911年10月完工，11月正式通车。该路连接南满铁路，通过鸭绿江大桥与朝鲜铁路相连，有着极其重要的军事价值。至此，日本将朝鲜殖民地与中国东北连为一体。

　　1914年8月，第一次世界大战爆发。中国【北洋政府】向美英等国提出，将德国在山东的权益收回，但遭到拒绝，于是中国决定在战争中保持

　　1915年6月7日 中、俄、蒙签订《恰克图协约》，外蒙承认中国的宗主权，中俄承认外蒙自治，不在外蒙驻军及办理殖民。

第一次世界大战

中立。当时美国注意力已转移至欧洲战场，而英国则希望日本能成为其在
远东的盟友。于是日本在 8 月 23 日对德宣战。8 月 27 日，日军第十八师
团登陆胶州湾。11 月 7 日德军向日英联军投降，日军控制了青岛和胶济铁

1931 年 9 月 18 日，日本关东军制造"柳条湖事件"，"九一八"
事变爆发。

"二十一条"

路全线，山东省落入日军手中。

1915年1月18日，日本驻华公使日置益晋见袁世凯，向中国提出"二十一条"，要求北洋政府承认日本继承德国在山东的一切特权，企图把中国的领土、政治、军事及财政等，都置于日本的控制之下。此后日本通过武力威胁，发出最后通牒，最终在5月9日迫使袁世凯政府接受"二十一条"，此举引起全国反日风潮。二十一条中第二条就与南满铁路有关。日本要求将旅顺、大连的租借期限和南满铁路、安奉铁路的管理期限均延长至99年。这些条款都是为了将日本通过战争侵占的利益法理化、最大化。由于袁世凯称帝、军阀战争等，造成中国乱局，但在中国民众的抗议浪潮中，直到1922年2月4日，日军才被迫同意从

1932年1月28日，日军、伪军在坦克、装甲车的掩护下联合向哈尔滨进攻

指挥进攻哈尔滨的是日军第二师团的多门二郎中将

1943年11月，第二次世界大战进入尾声，中、美、英三国政府首脑在举行开罗会议，《开罗宣言》中明确宣告：在战争结束后，日本必须将东北三省、台湾和澎湖列岛归还给中国，使朝鲜独立。

山东撤兵，但仍保有在山东的许多权益。

由于取得在南满铁路沿线每 10 公里可驻兵 15 名的权利，日军自 1907 年开始，在此长驻有 1 个师团和 6 个铁道守备队，总兵力达一万余人。这就是后来曾席卷大半个中国的"日本关东军"的前身。1919 年 4 月 12 日，关东厅实行军政分治，以原陆军部为基础，另组成了关东军司令部，管辖南满铁路驻军。关东厅为最高行政司法机关，关东军司令部则为最高军事机关。至 1931 年，磨刀霍霍的关东军，在蛰伏 12 年后，策动"九一八"事变，4 个月占领东北全境，

满洲国执政就任仪式

1931 年 11 月，马占山辞却伪满州国许以的高官，回到黑龙江省齐齐哈尔组织著名的嫩江抗战

兵力急剧扩充。1931 年关东军仅有 3 个师团，1932 年达到 6 个，1933—1936 年保持 5 个师团的兵力，1937 年达到 7 个，1938 年 9 个，1939 年 11 个，1940 年达到 12 个。到 1941 年日本偷袭珍珠港前，关东军的总兵力已经达到 31 个师团，人数上升到 85 万人，号称百万。

这支丧心病狂的军队，在华期间制造了一系列战争罪行，包括策划皇

1945 年 8 月 15 日，日本法西斯宣布无条件投降，中国人民终于取得了抗日战争的伟大胜利。

姑屯事件、发动"九一八"事变、扶植伪满洲国、组建 731 细菌战部队。同时，还制造了平顶山惨案、新宾县大屠杀、依兰大屠杀、老黑沟惨案、朝阳下五家子村惨案、通北县白家堡子村屠杀、抚顺达道峪村屠杀、坝上大惨案等等一系列惨绝人寰的大屠杀。从 1943 年下半年起，日本大本营开始陆续从关东军抽调兵力增援太平洋战场。1945 年 1 月，大本营从关东军抽调 13 个师团和一支特设的具有高度机械化的常备兵团赴太平洋战场。1945 年 4 月初，美军攻占冲绳岛，并对日本本土开始空袭，日本不得不集中兵力进行本土决战的准备，为此又从关东军抽走 7 个师团，并将关东军储备的近三分之一的战略物资以及大批人员调回国内。1945 年 5 月初，关东军重新扩充力量，进行备战。为此，关东军将在东北的 25 万日本退伍军人重新征集，并从东北各开拓团抽调青壮年，重新编成 8 个师团、7 个混成旅团、1 个坦克兵团和 5 个炮兵联队，作为临时部署兵力的补充。经过迅速补充，关东军兵力一举达到 24 个师团，约 70 万人。但其武器装备和战斗素养仅仅相当于以前的 8 个半师团。1945 年 8 月 9 日，苏联红军调集 150 万兵力，对东北地区的关东军发起全面进攻。仅用 20 天时间，就彻底消灭了横行中国长达 26 年之久的日本关东军，共击毙日军 8.37 万人，俘虏包括 148 名将级官佐在内的 59.4 万人，关东军就此灰飞烟灭。

抚顺煤矿是当时东北最大的煤矿，原本是由中国人开发的，中东铁路通车后，沙俄的煤炭企业介入，还没来得及大规模开采，日俄战争爆发，抚顺煤矿落入日本之手，开始了长达几十年的疯狂掠夺。日本在南满建立了众多株式会社，利用中国资源和中国的廉价劳动力，然后再把产品转卖给中国人。日本在掠夺中国东北和奴役华人劳工上做足了文章。这一切，都和中东铁路密切相关。尤其南满铁路时代，铁路是插在关东父老心头的剜肉钢刀，更是中华民族抹不掉的心头之痛。日本占领东北时期，利用了

1917 年 11 月 7 日，俄国爆发了十月革命，俄国共产党（布尔什维克）领导工人士兵发动武装起义，建立了第一个苏维埃政权国家。

中国军民英勇抗敌

　　这条铁路，掠夺资源无数，难以统计。日本帝国主义给中华民族造成的心灵创伤，是难以平复的。

　　抗日兴国，中华民族的史书上壮丽的一页。

　　　　1917年9月1日，国会非常会议选举孙中山为大元帅，唐继尧、陆廷荣当选为元帅。

第十四章　末日帝国的殊途同归

长春以南割让日本后，长春至哈尔滨及绥满线仍旧控制在俄国人手中。如果没有重大的历史变革，按照中东铁路合约，俄国人要使用80年，36年才可有价收回，价是多少，没法估算，即便可估算，前后两国的总投资，加上后期投资，再加上铁路新增的机车、车辆及相关设施，估计是天文数字，清政府回收不起。实际上俄国人还是要使用80年。按照"二十一条"的约定，日本使用南满铁路，包括安奉线，要到99年。这么长的合同期，简直就是对中国主权的挑衅。可见大清王朝，已经完全丧失了外交话语权。

清王朝已病入膏肓。日俄战争结束后，庞大的清王朝国体，已经内忧外患，风雨飘摇。到了1910年前后，大清王朝气数已尽，完全是末日帝国的气象。1911年，辛亥革命结束了清王朝长达270多年的统治。具有戏剧性的是，沙皇尼古拉二世也已穷途末路。1917的大革命，终结了沙皇统治。很有趣儿的是，两国革命具有异曲同工之妙。辛亥革命后革命政权没有形成有效政体，造成军阀混战，最后是蒋介石北伐等等，战事不断，国体日渐衰微。而沙俄布尔什维克党终结了沙皇之后，虽没有军阀混战，却在会议室里大吵大闹讨论该哪个党派主政。争吵的声音还没有完全落定，列宁领导的布尔什维克党再次爆发了十月革命，终结了这些资产阶级新贵。1917年11月7日，布尔什维克党【后称俄罗斯共产党、苏联共产党】发动工

1919年1月18日，由美、英、法三国主导，在法国巴黎的凡尔赛宫召开巴黎和会，签订《凡尔赛和约》，标志着第一次世界大战结束。

孙中山（1866～1925）

名文，字载之，号
日新，又号逸仙，常以中
山为名。生于广东省香山
县（即中山市）的农民
家庭。中国近代民族民
主主义革命的开拓者，
中国民主革命伟大先行
者，中华民国和中国国
民党缔造者，"三民主
义"的倡导者，创立《五
权宪法》。他首举彻底反
封建的旗帜，"起共和而
终二千年帝制"。

人武装，一夜之间占领了圣彼得堡的冬宫，建立
了红色政权，且很快席卷全国，形成了大一统政
治局面。由于苏俄领土面积太大，红色政权虽然
一度夺取了孟尔什维克的政权，可红色军队却一
时难以抵达到远东，远东一时成为十月革命的盲
点，各派势力借此蜂拥而起，形成相对独立的小
王国。

应该说，两国革命，推翻了原有体制，建立
新的共和体制，旧时代的产物应该重新评估，中
东铁路应该进入它的转折期。可中东铁路是沙皇
时代的铁路，且是和中国的合股铁路，刚刚推翻
封建王朝的孙中山国民政府力不从心，且自顾不
暇，而新生的苏维埃红色政权一时无可措手，远
东地区还控制在一个叫高尔察克的沙俄时期海军
上将手中，红军称之为"白匪区"，此外还有一
些其他沙俄旧军阀们各拥军自立，同样在远东形
成了类似军阀割据局面，苏维埃新生政权显然鞭
长莫及。这条铁路由此走上了命运的十字路口。

谁来主宰中东铁路？连铁路职工本身都不清楚，有一种前途未卜的感
觉，可没中东铁路有被遗弃，因为多方势力都在争夺这条铁路。中国北洋
政府、新生的苏维埃政权、赤塔一带成立"外贝加尔临时政府"的外贝加
尔哥萨克匪首谢米诺夫、在鄂木斯克成立"西伯利亚临时政府"的社会革
命党人沃洛戈茨基、在格罗杰科沃成立【后迁至海参崴】"全俄临时政府"
的霍尔瓦特、前沙俄海军上将、中东铁路公司董事高尔察克临时拼凑的反

1919年5月4日，中国在巴黎和会的外交失败，引起各界民众不
满，爆发了声势浩大的五四运动。

伪满政府货币

苏维埃

意即"代表会议"或"会议"。因为俄国1905年革命时出现过一种由罢工工人作为罢工委员会组织起来的代表会议,简称"苏维埃"。

苏维埃武装等等,五花八门,有点像中国东北的土匪,各自占山为王。这种乱局,和中国辛亥革命后的分裂局面如出一辙,不同的是,这些各称自立的反苏维埃组织只是占领了远东,且实力太弱,无法跟苏维埃政权抗衡,只不过当时的苏联红军还没有组成有效的野战部队。随后,苏联红军开始平叛和剿匪,这些割地占山的乱军很快就土崩瓦解。这些临时政权都没能有效控制中东铁路,中东铁路甚至在使用什么货币来发工资都无法确定,弄得铁路职工经常开不出工资,加上铁路布尔什维克党人不断号召工人同旧势力斗争,不断大罢工,铁路一度出现瘫痪状态,导致停运。

1919年7月25日,列宁领导的苏维埃政府正式发表了《俄罗斯苏维埃联邦社会主义共和国对中国人民和南北政府的宣言》,声明废除沙俄同中国政府所缔结的一切秘密条约和一切特权,放弃沙俄政府从中国攫取的满洲和其他地区的权益。同时声明,霍尔瓦特、高尔察克、谢米诺夫等等临时政权所获取的权益和利益,统统无效,全部归还中国。

至此中东铁路应有一个理性的回归,可惜没有。当时的北洋政府对苏维埃红色政权不予承认,转而支持霍尔瓦特,加上军阀们正互相争斗,北

1919年7月25日,苏俄发表第一次对华宣言,宣布废除沙俄同中国签订的不平等条约,废除俄国在中国的特权、放弃在华一切利益。

张学良（1901~2001）

字汉卿，号毅庵。奉系军阀张作霖的长子，国民革命军将领，中国近代著名爱国将领。1920年毕业于东三省陆军讲武堂，在奉系军中担任要职。"皇姑屯事件"之后，他继任为东北保安军总司令，拒绝日本人的拉拢，坚持"东北易帜"，为祖国统一和民族团结做出了贡献。张学良主张抗日，反对内战。1936年，他同杨虎城将军一起发动西安事变，促成国共二次合作，结成抗日民族统一战线。事变后遭蒋介石父子长期软禁，1990年恢复人身自由。

洋政府风雨飘摇，没能及时派代表团去同列宁领导的红色政权谈判，及至列宁去世，斯大林掌握红色政权后，对列宁的声明不予承认，且趁机让外蒙独立出去。其实，列宁到后来对这份声明也在不同场合上作了修正，他在全俄苏维埃大会上曾经说过："海参崴等远东地区，再远，也是俄罗斯的领土。"他说忽略了黑龙江外100多万平方公里的土地是被沙俄强占去的事实，《北京条约》是不合理条约。后来的苏联不放弃远东利益，那份声明也就成了废纸，中东铁路问题迟迟得不到解决。尽管后来解除了霍尔瓦特在中东铁路上的所有职务，但霍尔瓦特作为副董事长和中东铁路十几年的管理者，一直在实际操控着铁路，直到1921年前后他去了北京，他对中东铁路的影响才渐渐消失。

中东铁路，是中国许多有识之士的心头重压。东北少帅张学良，深知铁路的重要性，中东铁路被苏联红色政权控制，是插在他心头的一把利剑。铁路从东到西，从南到北，整个东北都在铁路线的构架中，作为拥兵自重的少帅，他早有收回之意。这也是后来导致东北军和苏联红军爆发中东路战争的主要原因。

毛泽东曾评价辛亥革命"乃革命党和咨议局合演的一出'痛饮黄龙'"。

1919年7月6日，张作霖借日军力量称霸东三省。

1919年，毛泽东在《民众的大联合》一文中指出，"辛亥革命乃留学生的发踪指示，哥老会的摇旗唤呐，新军和巡防营一些丘八的张弩拔剑所造成的，与我们民众的大多数毫无关系……然而我们却有一层觉悟，知道圣文神武的皇帝，也是可以倒去的，大逆不道的民主，也是可以建设的。"在批评辛亥革命未能联系广大民众之外，毛泽东说明了辛亥革命是由留学生、哥老会、士兵等群体发动参加的，还是取得了"倒去""皇帝"，开始建设民主等成果，较为简练地道出了辛亥革命组织、发动的历程及其政治成果。

辛亥革命

辛亥革命是指1911年（清宣统三年）中国爆发的资产阶级民主革命。它是在清王朝日益腐朽、帝国主义侵略进一步加深、中国民族资本主义初步成长的基础上发生的。

在国民党看来，辛亥革命有成功也有失败，最大的功绩在于解决了民族和民权问题。此外所谓的建立民国，实际上是军阀混战的空招牌。这也是辛亥革命的局限性，没能解决大一统的政体，以致后来军阀混战，给中国带来长达二十几年的灾难，是一场不彻底的革命。后来的蒋介石政权，不得不花血本进行艰苦的北伐。正是这场北伐，让中国南北政府都失掉了同苏俄政权谈判收回中东铁路的机会，使后来收回中东铁路的过程，变得更加复杂艰难。

不管怎么说，辛亥革命推翻了封建帝制，在推动中国走向共和、建立民主政权上，无疑是历史的进步，仅就这一点，可以肯定其对中国发展的贡献是卓越的，对历史的影响是深远的。

二月革命后，俄国出现了历史上罕见的两个政权并存的局面：一个是资产阶级临时政府，一个是以工农兵代表的苏维埃。为此，列宁又领导了布尔什维克党和广大人民，进行了二次革命。1917年11月7日【俄历十月】，

1917年1月9日，俄国各城市举行罢工，反对战争。

列宁和托洛茨基领导了十月社会主义革命,推翻了孟尔什维克【资产阶级】临时政府,世界上第一个无产阶级专政的国家——俄罗斯苏维埃联邦社会主义共和国【简称"苏俄"】正式成立。1922年以后,又有外高加索、乌克兰、白俄罗斯、格鲁吉亚、亚美尼亚等周边十五个国家加盟,正式成立了苏维埃社会主义共和国联盟,简称"苏联"。

中国的辛亥革命和俄国的二月革命,最终都导致和引发了无产阶级革命,这使得两个大国殊途同归。两国革命虽然都打破了旧的体制,但一些历史遗留问题还没有得到彻底的解决,中东铁路还没能回到中国人民手中。

二月革命

【中国大事记】

1917年7月,爱新觉罗·溥仪再次登基,颁布了多条新政,意图恢复大清,但以失败告终。

第十五章　中东铁路——沙俄苟延残喘的"小帝国"

随着末日帝国的陷落和政权的更迭，这条穿越中国境内的大铁路何去何从，已经十分引人瞩目。霍尔瓦特等保皇派，不接受新生的红色政权，企图用这条铁路在中国境内的特权，继续维持运营，并开始接受逃亡的高尔察克、沙皇时期的富翁和地主，更多的是有钱的犹太人，将中东铁路沿线站镇变成沙皇贵族的逃亡定居地。这些人大量涌入中国境内，多居住在铁路沿线城镇，聚集最多的就是节点城市哈尔滨，这也是哈尔滨能迅速扩大的主要原因。这些有钱人带来大量的财物，在哈尔滨开办工厂、商店等等。为了满足铁路永远运转的需要，还创办了一所工科学校，这就是哈尔滨工业大学的前身——哈尔滨工业专科学校。除此之外，满洲里、博克图、扎兰屯、大连、一面坡、横道河子、牡丹江、绥芬河等城镇都有

牡丹江横道河子站区及教堂（1903 年）

1917 年 3 月 8 日，俄国爆发二月革命，沙皇王室被推翻。

1923 年的横道河子机车库

一定量的俄国人居住，比较集中的是东部线的绥芬河和横道河子。而更多的是居住在横道河子，因为横道河子是东部线的二等站，也是东部线的调度和指挥中心，电务段、车务段、机务段、线务段、医院、学校等，二十几个段所，聚集了大量的俄国工作人员。最重要的是，横道河子属于小冷凉气候，这是俄国人所喜欢的。横道河子车站前曾修了一座人工湖，湖面开阔，沿湖建成公园，公园与车站之间还建有喷泉。在车站东南，还专门建了一座全木结构的教堂——约金斯克教堂，当时的横道河子，俄国人称乌恰斯克，也译成约金斯克，这是乌克兰语与俄语的语音差别，总之是"山沟里的城"之意。当然，这是俄国人的叫法，而人们仍旧称这里是横道河子，因为车站名为横道河子，这个小镇就随着车站而一直被人们称为横道河子，而教堂门楣上最初用的名字，译过来就是横道河子站教堂。正因为横道河子的环境和条件，能满足更多俄国人的居住要求，还因为这些逃难的俄侨担心红色军队会沿着边境线打过来，所以更多的人选择了横道河子，

【中国大事记】　1917 年 7 月 6 日，冯国璋在南京宣布就任代理大总统，段祺瑞为国务总理。

中东铁路中央医院

中东铁路中央电话局

中东铁路气象观测站

中东铁路印刷厂

通江之路炮队街

1917 年 4 月 6 日，美国对德国宣战，正式加入第一次世界大战。

而不是绥芬河，所谓"山深好避秦"。

霍尔瓦特想把中东铁路沿线变成沙俄逃亡贵族的避难所，也把中东铁路变成一个既不属于新生红色苏俄，也不属于中国北洋政府的独立存在的小王国。说到底，沙皇俄国不存在了，由于有当年的条约制约，中国的北洋政府还不能控制中东铁路，在霍尔瓦特看来，这条铁路线和铁路沿线的站镇，就成为他的独有，是一个相对独立的实体，是国中国。可让霍尔瓦特没想到的是，这个小帝国同样风雨飘摇。围绕着中东铁路，各方势力开始了毫不掩饰地角逐和争夺，且愈演愈烈。

新生的苏联政府对霍尔瓦特是不承认的，要求中国的北洋政府也不要承认。可中国北南割据，管不了霍尔瓦特，更重要的是北洋政府是封建遗老的政府，对红色苏维埃政权根本就不接受，这也或多或少地放纵了霍尔瓦特。由于红色苏联刚刚建立政权，一些国内重大问题尚未解决，远东和西伯利亚一些反对红色政权的各派势力趁机纷纷组建自己的小王国。红色政权对远东西伯利亚问题显然有些鞭长莫及、无暇顾及，所以对中国北洋政府发表废除一切不合理条约，以及将中东铁路及相关煤矿等无条件归还中国，实际上是指望中国北洋政府能够和红色政权站在一起，将远东这些反动势力从中国的中东铁路沿线驱逐出去。对中国来说，这并不是苛刻条件，可中国的北洋政府已经失去了南方革命军的信任，南方革命军在国民党的影响下纷纷独立，形成南北政权，中东铁路对他们来说，一时还腾不出时间来做进一步的研究或谈判，一句话，还没提到日程上来。虽然未及同苏俄政权谈判，但北洋政府还是意识到这条铁路的主权问题，几次提出要铁路撤走原沙俄驻军，派驻吉林和黑龙江两省督军的军队驻守，但都遭到霍尔瓦特的拒绝。

于是，就出现了霍尔瓦特继续独立控制中东铁路的奇怪局面。

〔中国大事记〕

1917年9月1日，国会非常会议选举孙中山为大元帅，唐继尧、陆廷荣当选为元帅。

布尔什维克正在举行会议

　　尽管各派政权都想争夺铁路，但最有号召力的还是布尔什维克党人。1917年"二月革命"推翻沙皇后，中东铁路上的布尔什维克党人留金于3月16日在哈尔滨成立了由工人代表组成的"劳工委员会"【又称"工人代表苏维埃"】，要求铁路归俄工人苏维埃。霍尔瓦特不想把中东铁路权力交给工人，于是发电报请示沙俄残余、远东总督关达基，关达基回电要他竭尽全力维持秩序，平定风波。远东临时政府同时任命霍尔瓦特中将继续管理中东铁路，为铁路属地最高长官。于是霍尔瓦特以军官的身分要工人放弃对铁路的要求，回到岗位工作，并针锋相对地成立了铁路职工委员会，以经济手段对付留金的委员会。留金的劳工委员会是个温和的组织，一时没有激进行动。到了6月下旬，一些原驻路的沙俄士兵加入了布尔什维克党人的队伍，与工人苏维埃合并给成了工兵苏维埃。这时，北方政府的吉

　　1917年11月7日，俄国爆发了十月革命，俄国共产党（布尔什维克）领导工人士兵发动武装起义，建立了第一个苏维埃政权国家。

林督军孟长远和省长郭宗熙看到了插手铁路的机会，致电霍尔瓦特，要在铁路上扼要处，如哈尔滨和绥芬河、满洲里等地驻军，霍尔瓦特予以拒绝。11月10日，再度要求驻军，又被拒绝。13日，黑龙江督军所属滨江县警备队开进中东铁路哈尔滨站，开始分段巡逻。中东铁路秩序大乱，一度停运，造成大量旅客和货物滞留。这时，俄国爆发了"十月革命"，布尔什维克党人彻底取得了政权。留金得到这一消息，受到极大鼓舞，立即召集会议，决定向铁路方夺权。12月12日，留金的工兵苏维埃发表公告，声称为国家主权正式代表，中东铁路的一切都归其管辖，14日宣布撤销霍尔瓦特及其助手在中东铁路上的一切权力，工兵苏维埃正式在中东铁路上夺权。

出现这种乱局，冯国璋领导下的北洋政府于17日派总统顾问何宗连中将，总统府副长官张宗昌中将为特使，专程到哈尔滨来交涉这件事，与霍尔瓦特商量如何遣散倒向苏维埃的原驻路俄军，与此同时，外交总长陆徵祥照会远东俄国临时政府公使，决定支持霍尔瓦特，维持中东铁路及北满秩序。陆徵祥曾任驻俄公使许景澄的翻译，对俄国有一定的了解。25日，中国北京政府派军队进驻中东铁路，28日，将留金等苏维

满洲里站

1918年7月，孙中山致电列宁和苏维埃政府，并愿中苏两党团结共同斗争。

埃人员遣送出境。12 月 29 日，北京政府大总统冯国璋任命吉林省长郭熙宗为中东铁路督办，这是继许景澄被"斩立决"后中国官员首次涉足中东铁路，并恢复总代理这一职务。

霍尔瓦特一直努力着，不放弃对中东铁路的管理权。为了使美国介入中东铁路，让中东铁路国际化，霍尔瓦特聘请 120 多位美国工程师和技术人员到中铁路上来管理总厂和铁路，目的是想让中东铁路逐渐从苏俄和中国脱离出来，实现真正的独立。

1918 年 1 月 1 日，霍尔瓦特等人在哈尔滨成立铁路"自治会"，继续承认霍尔瓦特为中东铁路附属地区最高行政长官。1 月 5 日，霍尔瓦特想在中东铁路招募军队，令原驻铁路司令从蒙古招来 3000 蒙古兵，吉林将军得知后，立即命令霍尔瓦特遣散这支队伍。1 月 7 日，将原驻中东铁路老少沟俄军全部遣送出境，1 月 18 日，苏俄政府外交部正式致函中国驻俄公使，霍尔瓦特已被免职，要求中国方面成立一个中俄两国共同组成的"中东铁路混合委员会"，商讨解决中东铁路问题。这时，北洋政府演出了一场 闹剧，竟然致

冯国璋（1859~1919）

字华符，一作华甫。直系军阀首领。毕业于北洋武备学堂，曾任北洋步兵学堂总办兼督练营务处总办。辛亥革命时率领北洋军镇压武昌起义。后出任江苏都督，坐镇东南。袁世凯下台后，黎元洪任大总统，冯国璋被国会补选为副总统，在南京办公。"府院之争"时，黎元洪辞职，冯国璋以副总统的身份进京任代理总统。1917 年 7 月，张勋复辟失败后，冯国璋依法将大总统职权还予黎元洪。1918 年 8 月，冯国璋通电辞去副总统之职。

电霍尔瓦特总办，要他承认中东铁路中国有领土主权。苏俄政府较为不满，要中国解释为什么把留金等苏维埃工人遣送出境，为什么袒护霍尔瓦特：北洋政府这才同意成立混合委员会，将霍尔瓦特撤职，任命拉琴诺夫为中

1920 年 1 月 10 日，国际联盟第一次开会，签署凡尔赛条约，正式结束第一次世界大战。

谢米诺夫（1890~1946）

俄国外贝加尔省人，哥萨克首领，原白卫军中将。俄国十月革命后，组织反革命武装，反对苏维埃新政权。1918年4月6日，到中东铁路沿线海拉尔、昂昂溪拼凑"义勇军"4个营，开赴满洲里。在日本支持下，成立了"外贝加尔地方临时政府"。8月底率兵攻打赤塔后，将"外贝加尔地区临时政府"迁此。在日本支持下，企图占领中东铁路。1923年6月28日，乔装来哈尔滨，召集秘密会议，串联白党，企图恢复其在远东的势力。"九一八"事变后，受日本特务机关雇用。1945年日本投降后被苏军逮捕，1946年8月30日，被苏联政府判处绞刑。

东铁路管理局代理局长。霍尔瓦特不得不去北京同道胜银行方面商讨铁路脱离苏俄红色政府和中国北京政府，谋求独立。霍尔瓦特还是中东铁路公司副董事长，继续控制着中东铁路。3月21日，霍尔瓦特同时任命前俄骑兵大将、前西伯利亚第一军团司令普列什阔夫任中东铁路附属地俄军司令，以此来节制谢米诺夫等其他白军插手。4月，谢米诺夫在日本支持下成立了"外贝加尔临时政府"，试图插手中东铁路。5月9日，霍尔瓦特和普列什阔夫的驻哈俄军合并，成立了"救国会"，是个小政府。北洋政府和吉林督军立即下令其解散，或移出中国国境。霍尔瓦特玩起了花样，又于5月底组织铁路护卫军，自任总司令。沙俄残余势力将长春至老少沟段卖给日本，苏俄和北洋政府均不同意，也不承认。

5月25日，驻滨海地区1.5万捷克军队在协约国的怂恿下发生叛乱，6月29日推翻了刚刚成立的海参崴苏维埃政权，随即各门各派又站出来，立了各种名目，成立了许多政权。

看到中东铁路和俄国远东的乱象，吉林督军和黑龙江督军立即加派军队到中东铁路，并联合成立了护路军总司令部。这时，驻满日军也试图抢占松花江大桥等要地，与黑龙江驻军发生冲突，最终黑龙江驻军撤离。随后，谢米诺夫的"外贝

1921年7月23日，中国共产党第一次全国代表大会在上海举行，中国共产党成立。从此，中国出现了以共产主义为目的，以马列主义为行动指南，统一的工人阶级政党。

加尔地区临时政府"攻克赤塔,并将首府迁至赤塔,试图到满洲里接管铁路。

　　由于乱象丛生,铁路工人的工资已停发。既然卢布发不出来,工人要求改发中国大洋,可中国大洋也发不出来,工人就一直罢工,铁路也一直瘫痪停运。中东铁路管理局代理局长拉琴诺夫按霍尔瓦特旨意办事,对罢工采取压制办法,郭宗熙也要求中国工人复工。9月12日开始复工。这时,日俄有密谋出让铁路的迹象,北洋政府郑重声明,任何买卖,都不予承认。

　　中东铁路成了走马灯似的大舞台,你方唱罢我登场。直到1920年3月12日,中东铁路苏俄布尔什维克党人组织一千多工人向霍尔瓦特下达最后通牒,限令其13日上午11时离开中东铁路,否则举行无限期大罢工。中国北洋政府驻军看到这种形势,3月14日在哈尔滨召开会议,通过了"应该夺取霍尔瓦特手中之权力,并交由中国"的决议,同日,向霍尔瓦特宣

哈尔滨松花江码头

徐世昌（1855~1939）

字卜五，号菊人，晚号水竹村人。中华民国大总统。前清举人，后中进士。自袁世凯小站练兵时就是袁世凯的谋士。1905年任军机大臣。1918年10月，徐世昌被国会选为民国大总统。他"偃武修文"，下令对南方停战，次年召开"议和会议"。1922年6月通电辞职，退隐天津租界。被后人称为"文治总统"。

布解除他的职务，一切由中方接管，铁路器械等一并接收。3月15日中国军队接管了俄军驻路部队，俄军司令部大楼上升起了中国北洋政府国旗，盘踞中东铁路长达17年之久的霍尔瓦特终于被赶下台。16日，霍尔瓦特提出辞呈，中东铁路公司董事会批准了他的请求。17日，中东铁路全线恢复通车。不久，霍尔瓦特黯然离开了中东铁路，只身去了北京。霍尔瓦特想依托中东铁路建立起一个国中小帝国的梦想也随之彻底破灭。

1921年3月1日，北洋政府大总统徐世昌下令在哈尔滨设置东省特别区市政管理局，兼管中东铁路沿线，由滨江道尹董世恩兼任市政局长，并由中方派工程师佘垿为中东铁路管理局副局长，4月，拉琴诺夫辞职，由佘垿全权管理，这是铁路自建成以来，中方首次管理铁路，可惜时间不长。

1922年2月，美国提出中东铁路国际共管或托管，并在美国倡议下，由西方诸国参与的国际共管或托管会议在海参崴举行，中方派詹天佑等参加。由于中苏双方都不同意，这次会议并没达成共管。1923年底，北洋政府与苏联政府几经商谈，决定两国共管中东铁路，应按股分成，苏联政府派员到哈尔滨任铁路局局长，由东北督军张作霖派兵驻守。

1924年5月31日，北洋政府大总统曹锟特派代表、外交总长顾维钧与苏联全权代表加拉罕【外交部部长】签订了《中俄解决悬案大纲协定》【15条】《暂行管理中东铁路协定》【11条】和一份长达7页的联合声明，

1918年7月，孙中山致电列宁和苏维埃政府，并愿中苏两党团结共同斗争。

这二个文件合称《中俄协定》。协定明确，该路只是用于商业性质，不用于任何政治目的，所有关系中国国家及地方主权的事务，概由中国政府自行处理。协定还明确，苏俄政府允诺，中国以中国资本赎回中东铁路及该路所属一切财产，并将该路一切股票、债票移归中国。两国政府承认对于中东铁路之前途，只能由中俄两国取决，不许第三者干涉。协定签署后，铁路恢复了正常运营。

中东铁路由两国政权更迭时引发的种种风潮，至此尘埃落定。

曹锟（1862~1938）

字仲珊。中华民国初年直系军阀的首领，保定王。曾靠贿选而被选举为第五任中华民国大总统。国民革命军陆军一级上将。1890年，曹锟毕业于天津武备学堂，任毅军哨官。曾参加过甲午战争。1919年，被拥为直系军阀首领，相继取得了直皖战争、第一次直奉战争的胜利，成为主宰中央大权的实力派人物。1923年6月，曹锟将黎元洪逐出天津。10月5日重金收买议员，贿选为大总统。1937年卢沟桥事变后，他拒绝日本所请出面组织新政府。曹锟在执掌北京政府期间，授意公布了《中华民国宪法》，完成了自1913年以来的民主制宪。

第十六章　中东铁路输入马克思列宁主义

1917 年冬天，十月革命的消息传入中东铁路，布尔什维克党人开始进入中东铁路沿线传播马克思列宁主义真理。沿途城镇响起了红色共产党人的脚步。当时，横道河子聚集着两股产业工人，一是铁路工人，另一股就是大批的伐木工人。为了传播十月革命真理，布尔什维克党人乌曼斯基来到横道河子，以教师的身份，在横道河子与哈尔滨之间不断宣传共产党人的主张，1918 年 5 月，在哈尔滨宣传十月革命真理时，被潜藏的高尔察克白匪暗杀，一度引发中东铁路工人大罢工，尤其哈尔滨，中东铁路总

中东铁路横道河子官员住宅旧址

1922 年 4 月 29 日，第一次直奉大战爆发，张作霖领导的奉军败北。

厂、铁路印刷厂、电报电话员等，举行一昼夜罢工，罢工引起强烈反响，引发哈尔滨其他行业和市民的加入，出现了商人罢市、学生罢课的抗议浪潮，谴责高尔察克的无耻行径。同时，人们开始进行对霍尔瓦特的斗争。就从乌曼斯基遇难开始，中东铁路沿线产业工人开始了解十月革命，了解布尔什维克党【共产党】，苦难深重的铁路工人和产业工人开始思考自己的前途和命运。

瞿秋白（1899~1935）

生于江苏常州，是中国共产党早期主要领导人之一。1934年，任中华苏维埃共和国中央执委会委员、中华苏维埃共和国中央政府教育部部长等职。1935年2月在福建长汀县被捕，国民党政府曾许以高官让他脱离共产党，瞿秋白宁死不屈，6月18日慷慨就义，时年36岁。

可以说，中东铁路沿线的东北人民，尤其是黑龙江人民是中国大地最早接触十月革命和共产主义主张的。中原和江南通过《新青年》了解十月革命，已是十月革命发生两年后。1920年8月，瞿秋白作为北京《晨报》和上海《时事新报》的特约记者到苏俄采访，从赤塔到莫斯科，他亲身感受了这个经过十月革命诞生的新国家和新气象，并于1921年有幸见到了列宁。1922年底，受陈独秀邀请回国工作【瞿秋白在俄国加入俄共，后加入中共】，陆续写出《饿乡纪程》《赤都心史》，并翻译一些列宁论著，人们才开始逐步了解十月革命，了解共产党。应该说，早期共产党领导人亲自到俄国深入了解十月革命的就是瞿秋白，这也是他后来回国后积极主张向苏俄学习，

《饿乡纪程》

罗章龙（1896~1995）

原名罗璇阶，湖南浏阳人。早年就读于北京大学，曾参加五四运动，是中国共产党早期领导人之一。到中东铁路学习工人罢工经验，先后组织领导了陇海铁路、长辛店铁路、开滦煤矿工人大罢工及京汉铁路总罢工。1931年组织成立了30余人的"非常中央委员会"，另立中央，被开除出党。此后离开政治，先后在湖南大学、中南财经学院、湖北大学任教。1979年后，在党中央关怀下调到北京，任中国革命博物馆顾问。晚年勤奋写作，1995年因病去世。

中国革命应组织工人起义，直接拿下中心城市，如南京、广州等，一夜之间革命成功，不必走农村包围城市的弯路，犯了"左倾"冒进主义错误的主要原因。而早在瞿秋白之前的1917年，中东铁路工人就已经从布尔什维克党人乌曼斯基、留金等人那里更多了解了十月革命、共产党和马列主义学说。应该说，十月革命和共产党，是中东铁路运输进来的。中东铁路，是红色种子播散的传播器。

1922年1月，共产党早期领导人罗章龙来到哈尔滨。作为中国劳动组合书记部北京分部主任的罗章龙到东北考察，把目光锁定了中东铁路上的铁路工人和产业工人身体。考察期间，住在哈尔滨工业专科学校【今哈尔滨工业大学】一位教师那里，先后到了哈尔滨中东铁路总厂、戊通轮船公司、秋林洋行等工人较为集中的地方进行考察，中东铁路上风起云涌的大罢工也给罗章龙提供了许多经验，这也为他后来组织京汉铁路工人罢工打下了基础。当然，罗章龙也带来了南方成立中国共产党的消息，给中东铁路上的中国产业工人带来了曙光。罗章龙后来因反对共产国际米夫和王明的中央委员会，走上了对抗党中央的道路。在罗章龙组织下，由三十多名共产党员成立了所谓的"中共中央非常委员会"【后来有史学者戏称为"中

1926年1月11日，张作霖宣布东三省独立。

国共产党非中央委员会"】，罗章龙被选为书记，并发表声明，不承认王明的领导地位，并致信共产国际，最后受到批判，和那三十多名党员一道被开除中共。

但必须承认罗章龙是中国共产党在中东铁路上的先行者。

1925 年 10 月，中东铁路横道河子站上的铁路工人和干饭盆【今横道河子镇七里地村】伐木场中的产业工人，接受了马克思主义和共产主义思想，在七里地村成立了由六名党员组成的党支部。这是中东铁路线上的早期党组织。

1927 年，大革命失败，蒋介石对共产党人举起了屠刀，制造了白色恐怖。在紧急关头，中共领导人周恩来、贺龙等于 8 月 1 日在江西南昌举行了震惊全国的南昌起义，起义部队未能控制南昌城，随即转入游击战。9 月，毛泽东在湖南发动了秋收起义。起义部队同样没能打下长沙，最后进入井冈山。不久，南昌起义部队也转进井冈山，两支队伍实现了会师。面对成立中国工农红军、建立工农政权等许多新的课题，需要召开党的代表大会。根据形势的发展，1928 年 4 月 2 日，中共决定召开党的六次代表大会。由于国内环境险恶，只好在境外召开，地点选择了红色俄国的莫斯科。自 1928 年 4 月底开始，周恩来、张国焘、邓颖超、苏兆征、向忠发、项英等分期分批出境。尽管中东铁路控制在红色苏联手里，可铁路沿线驻扎的是东北军，而东北军是反对红色政权的。为了不引起注意，最多同行者不超过 4 人，先抵达哈尔滨，然后通过中东铁路取道满洲里，出境抵赤塔，苏共派人在赤塔接应。140 多名代表分三十几批出境，最后一批离境，已经接近 5 月底。

大会于 1928 年 6 月 18 日至 7 月 11 日在苏联莫斯科近郊兹维尼果罗德镇的塞列布若耶乡间别墅召开。出席这次大会的各地代表共计 142

1927 年 1 月 3 日，汉口爆发"一·三"事件，中国政府宣布收回汉口英租界。

人【其中有表决权者84人】，代表全国4万多党员。共产国际负责人布哈林和国际东方部负责人米夫也参加了大会。此外，参加开幕大会的还有少共国际、赤色职工国际的代表以及意大利、苏联等国共产党的代表。大会清算了陈独秀的右倾投降主义及瞿秋白的"左倾"冒进主义，做出了武装斗争，建立民主政权，实行土地革命，改善士兵生活等重大战略决策。

关于中共六大代表是从满洲里还是从绥芬河出境问题，是存些争议的。有一些学者认为中共六大代表有一部分是从绥分河出境的，依据的是一些人的回忆录和俄文资料，没有理由否定。但我们可以做这样一个分析，从哈尔滨到绥芬河出境，若走中东铁路，还要返回到哈尔滨再到满洲里，如此重复走路，是没有任何必要的。若不走中东铁路，誓必走西伯利亚大铁路，从境外绕哈巴罗夫斯克、贝加尔湖，穿越乌拉尔山脉，行程近1万公里。按当时列车的运行速度，最快不超过每小时45公里，且俄国列车每到一个停靠站，一般都要停靠5—8分钟，二等站一般都停靠15分钟以上，加之路上要加水加煤餐车补充食材等，从海参崴到莫斯科，至少要行走7周半到8周，中途一旦发生意外，可能8周都难以到达。正因为行程和耗时太长，当时的列车上，全是卧铺，且每节车厢都能做饭，可以点煤炉。出境绥芬河，至少要到乌苏里斯克转车，再向北绕行，况且要在乌苏里斯克滞留一日才能转上车。这么漫长的路程和行程，恐怕最后几批代表到达莫斯科的时候，六大会议早已经结束了。持绥芬河出境说法的人忽略了当时火车的速度，忽略了西伯利亚大铁路近1万公里的事实。

我们常说，十月革命一声炮响，给中国送来了马克思列宁主义。而送来马克思列宁主义的，就是这条大铁路。这条大铁路送来了沙俄的强权，

1928年6月4日，爆发震惊中外的"皇姑屯事件"，即日本关东军谋杀中华民国陆海军大元帅、奉系军阀首领张作霖的事件。

也送来了苏俄的革命思想。

　　不管怎么说，中东铁路不仅带来了唤醒中国人民的马克思列宁主义和俄国的十月革命，还是一条红色交通线。因为这条铁路自 1922 年就掌握在红色苏俄手里，共产党人走这条路线应当是很安全的。

　　六大期间，斯大林接见了中共代表，并发表了指导意见，在这次会晤中，他谈到了中东铁路，虽然他是遵守列宁遗训的，可他同时也承认《朴次茅斯条约》。这让中国共产党人很费解，张学良对此更不能容忍，于是就爆发了中东铁路的路权战争，史称"中东路事件"。

第十七章　张学良与中东铁路战争

大铁路又一次引发了大血拼——中东路战争。这是一场现在很少被提及的战争，因此鲜为人知，主要因为是东北军与苏联共产党军队之间的战争。

苏联与北洋政府虽签订了《中俄协定》，但实际上北洋政府无法真正执行，因为中国正处于军阀割据的状态，东北政权在奉系军阀张家父子手里，北洋政府与苏联所签订的条约、协定必须得到地方军阀的认可才能生效。中东铁路属于张作霖势力范围之内，所以必须征得张作霖的同意。1924年，奉系军阀张作霖就已宣布东北自治，并且不承认北京政府与外国政府签订的有关中东铁路的任何协定，这迫使苏俄必须单独和张作霖再签协定。很有意思的是，苏俄政府与张作霖重新签订有关中东铁路协定时，这个土匪头子出身的军阀找不到更好的参照条款，仍以《中俄协定》和《暂管协定》为蓝本，最后签订了《奉俄协定》，基本条款几乎没变，只在中东铁路收回时间上缩短了20年。从这一条款上看，张家奉系军阀早有收回中东铁路之意。不管怎么说，苏联与奉系军阀张作霖再签订一个有关落实中苏"共管"中东铁路的协定，对苏联

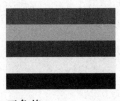

五色旗

五色旗又称"五族共和旗"，是中华民国建国之初北洋政府的国旗。旗面按顺序为红、黄、蓝、白、黑的五色横条，分别表示汉、满、蒙、回、藏五族共和。

1928年12月29日，张学良下令奉天总部上空升起中华民国国旗，并公开宣布了他支持国民政府，中国形式上统一，史称"东北易帜"。

来说，是外交上采取的一项重要举措，对奉系来说，是开始自治行使主权的标识。

"皇姑屯事件"现场

自从张作霖打两次直奉战开始，东北军使用火车就很少付账，每次都以保护铁路或军需物资为借口，只打欠条。据后来统计，张家父子和他的军队给中东铁路打下的欠条能装满满两麻袋，欠账部分远远超过应分得的股金。这让苏联方面的铁路局长非常头疼，毕竟是苏奉共管铁路，而铁路驻防部队又全是东北军，铁路方面根本就拿东北军毫无办法，不敢言而敢怒。张作霖和张学良所以这么做，用他们自己的解释，这条铁路应该是我们中国的，凭什么俄国人来管理？凭什么俄国人来收钱？但双方有协定，又找不到足够的理由强行收回铁路，只能这样正常维持。

一件意想不到的事情发生了，这彻底改变了奉苏之间的关系。1928 年

张作霖（1875～1928）

字雨亭。奉系军阀首领，著名爱国将领张学良之父。张作霖自幼出身贫苦农家，参加过中日甲午战争，后投身绿林，势力壮大。清政府将其招安，先后担任奉天督军、东三省巡阅使等，号称"东北王"，成为北洋军奉系首领。第二次直奉战争胜利后，张作霖打进北京，任陆海军大元帅，代表中华民国行使统治权，成为国家最高统治者。1928 年因前线战事不利，张作霖被迫返回东北。1928 年 6 月 4 日，张作霖乘火车被日本关东军预埋的炸药炸成重伤，史称"皇姑屯事件"，当日送回沈阳官邸后即逝世。

1928 年 6 月 12 日，斯大林在莫斯科接见了中国共产党的领导人，瞿秋白、周恩来、李立三等参加。

6月4日凌晨，皇姑屯站附近发生爆炸案，炸死了张作霖【同时遇难的还有陪同张作霖的奉军第六方面军司令官吴俊升】，这让张学良开始对日本产生仇恨，虽然血案发生在南满铁路线上，让张学良对南满铁路怀有仇恨的同时，对中东铁路也开始怀有戒心，越加促使他想收回铁路。日本在南满铁路的驻军日益增加，让张学良很有想法，却毫无办法。加上在皇姑屯事件上日本人大做文章，贼喊捉贼，试图说成是苏联的间谍所为，尽管难以置信，日本以日奉结盟为由，说日本人不会加害盟友。发生了这样一起杀父血案，在铭记仇恨的同时，也让张学良嗅到了某种味道，他意识到了：一定要控制铁路。

中东铁路与东北军之间逐渐出现矛盾和裂痕。这是政治因素。

自1905年日俄战争以来，中东铁路以长春为界，分割为日俄两国势力，东北军虽然与日本军界关系密切，军队的顾问官全是日本指导官，可张家

南京国民政府

1928年7月7日，南京国民政府宣告废除中外不平等条约。

父子对日本也是防着一手，尤其是张作霖，对日本关东军的要求不予理采，老奸巨猾的张作霖明白日本想要什么，这也是张作霖被炸死的原因。这场谋杀，日本一度想嫁祸于苏联，可张学良心里明白日本和苏联控制铁路，是心头之患。张学良后来改旗投靠南京国民政府，就考虑到东北局势一天天恶化，日本人的欲壑也难以填平。可在俄国人看来，张家父子毕竟是亲日派，这使沙皇俄国和现今的苏联，都没有好感。日本毕竟是俄国的宿敌，与日本结盟，就把自己推到俄国的对立面。张学良意识到俄国对他的态度，夹在两国中间，必须要有一个明确的选择。

苏联认为张学良是日本的盟友。这是战略因素。

其实，中苏在合营中东铁路问题上，从一开始就不是很和谐，龃龉不断，屡生争端。苏俄实际上也并未认真履行《奉俄协定》，对协定中铁路控制区非铁路本身经营业务，如电报、电话、矿山、图书馆、天文台、学校等应交予中方，可迟迟未能交付。这也是张氏奉系军阀所不满的。说是合营，可铁路管理局几乎由苏俄单方面控制，在2700多名职员中，中方人员占400人，且多为翻译及底层职员。路局机关行文，除了理事会公文及路局会议决议系中俄文并行外，其余均为俄文，一切财政结算也以卢布为准。对历年铁路收入余款如何处理，中苏双方意见也大有分歧。对此，东北地方当局早已不满。这是经济因素。

多种因素并存，这就使双方裂痕越来越深，最终导致兵戎相见。

1929年初，张学良下令先收回中东路电话权，苏联予以默认，只是苏联驻奉天领事库兹涅佐夫向张学良提出抗议，要求偿还百万元电话安装费，张不予理采。4月，张学良召集张作相、张景惠、吕荣寰等讨论中东铁路问题。苏联在谈判中做出让步，允许华人担任商务、机务、车务、总务、会计、进款等6个处处长，但要求中国方面承认中东路苏联工会。张学良故此认

<hr>

1929年7月17日，苏联正式宣布与南京国民政府绝交，并声明保留1924年《中苏协定》之一切权利。

中东铁路俱乐部

中东铁路理事事务所（旧址）

1929 年 5 月 27 日，张学良奉蒋介石命搜查苏联驻哈领事馆，逮捕苏联驻华领事。

为苏联态度软弱，不久即收回中东铁路哈尔滨气象观测站，苏联亦予默认。从此，张学良更认为苏联是个没用的庞然大物，是纸老虎，并不像想象的那么可怕。

也许，张学良和苏军之间注定会发生这场战争。1929年5月27日，蒋介石密电张学良，说冯玉祥组织"护党救国军"，想叛乱自立，此事与苏联驻哈尔滨领事有关，让张派人搜查苏驻哈领事馆。张学良立即密电哈尔滨特区长官张景惠【"九一八事变"之后变节投日。伪满洲国成立，成为伪满政府副总理达十年之久】，张景惠即派军警搜查了苏联驻哈使馆，搜走两箱秘密资料，并称苏共定于当日正午12时至下午3时在哈尔滨苏联领事馆地窖内召开"第三国际共产宣传大会"，以"俄人宣传赤化，显违奉俄协定"为由，在搜查中将前来领事馆的中东路沿线各站、三十六棚地区各工厂职工联合会、苏联商船局、远东煤油局、远东国家贸易局等39位负责人逮捕，甚至抓走苏联驻哈总领事，同时封闭了苏联职工工会，并强迫中东路苏方正、副局长停职。晚10时，为防止苏联方面组织苏籍员工闹事，张景惠电令"沿线军警严加防范"。29日，张景惠下令封闭哈尔滨、齐齐哈尔、海拉尔等地苏联领事馆。31日，苏联政府向南京政府提出抗议。此即为中东路"五二七事件"，是中东路事件的开端。

冯玉祥（1882～1948）

字焕章，原名基善。北洋陆军上将、国民革命军陆军一级上将，西北军阀。1924年发动北京政变，改称为"国民军"，任总司令兼第1军军长。1926年9月17日在绥远五原誓师，任国民革命军联军司令，率领西北军参加北伐战争。1930年3月与阎锡山组成讨蒋联军，任陆海空军副总司令。中原大战失败后隐居。1933年5月，在察哈尔组织民众抗日同盟军，任总司令；1935年任国民政府军事委员会副委员长；1948年9月1日因轮船失火遇难。

苏联方面对此事迅速做出反应，一方面主张谈判，一方面抓紧备军。6月5日，海参崴当局要求释放其在哈尔滨领事馆被捕人员，表示愿意以缩小中东铁路管理局局长权限作为交换条件，东北当局没有答应。13日，苏联增兵海兰泡【今布拉格维申斯克】，吉林省督军亦调兵赴瑗珲增防。17日，苏联增兵满洲里附近，万福麟派第三旅增防呼伦贝尔。

6月22日至25日，张学良在沈阳召开对苏会议，决定改编陆军，屯兵吉蒙边界，接收中东路等重大事项。会后，张学良电告南京政府蒋介石，表示要收回中东铁路，且苏方要求谈判。蒋回电："先取路，后谈判"。

7月7日，张学良专程抵达北平与蒋介石会晤，商谈有关收回中东路的对策，具体会谈内容如何，外人不得而知，但蒋肯定对收回中东路表示支持。

7月10日，张学良下令在中东铁路沿线各地增派军队，没收铁路电报、电

中东路事件

1929年7月10日，张学良以武力接管中东铁路。

话，查封苏联商船公司、贸易公司、火油公司等，将中东铁路管理局局长叶木沙诺夫、副局长艾斯孟特等苏联高级官员全部免职，令范其光代理局长，并以宣传赤化为由，解散苏联职工联合会、共产青年团、妇女部、童子军等团体，逮捕苏联员工200余名，制造了震惊中外的"中东路事件"。

其实，张学良还是对时局和苏联的军事实力估计不足。1929年，东北易帜前后，南京国民政府头面人物吴铁城来到东北，与张取得联系，曾有言"不到东北，不知东北之大；不到东北，不知东北之危"，蒋介石更是片面夸大苏联在东北的势力，使张学良认为苏联在东北势力对其统治构成威胁，南满的日本人也鼓噪苏俄如何危险。更重要的是，蒋认为张学良在东北统治太久，东北是一个独立王国，中央政府很难介入，如果奉俄开战，两败俱伤，自己会渔翁得利，这实际是南京政府一个借刀杀人之计。同时，东北军中一些少壮派向张提供了一些错误的信息，说苏联内部空虚，边境武装不堪一击，战端一开，必然土崩瓦解，尤其苏俄连年收成不好，军需民食大成问题，即或引起战争，最后胜利必然属于奉系。张学良听信了这种主张，决定对苏实施强硬政策。

东北军也不乏一两个头脑清醒的，反对对苏采取强硬手段。张作相就是其中之一，他对张学良说：收回中东路是好事，可是这事非同小可，一定慎之又慎。进兵接收，势必要打仗，依我看，南京出兵也未必能打胜，只凭东北军去打苏联能行吗？恐怕收不回中东路，反而惹出麻烦，战端一开，更要防止日本人乘机捣乱。"张学良觉得张作相把困难想得太多，派人回吉林市规劝张作相说："根据多方情况分析，苏联决不能在远东作战，收回中东路会马到成功的。"张作相看到张学良主意已定，也就不再坚持。

不幸的是，这一切都被张作相言中了。

针对"中东路事件"，做好准备的苏联政府，首先和中国政府断交，

1929年10月12日，苏军在中苏边境上，向张学良军队发动猛烈进攻。

然后开始出兵。苏军于8月6日迅速成立了苏联红旗特别远东集团军，总兵力约4万人，1个整编军，下辖3个步兵师、1个骑兵师、1个蒙古骑兵营，特别远东军装备精良，有大量飞机、坦克、重炮、战舰等技术兵器，还装备了当时苏联最新型的MC-18坦克。同时还从阿穆尔军区增调部队，双方交战中期，远东军兵力最高峰不少于8万人，海军方面负责支援的是阿穆尔河军区舰队【阿穆尔河即黑龙江】。1929年，中东铁路事件前夕，阿穆尔河军区舰队已有3个舰艇大队和1个陆战营，战后阿穆尔河军区舰队有63名官兵荣获红旗勋章。

　　值得一提的是，苏军指挥作战的是远东军的司令员瓦西里·康斯坦丁诺维奇·布柳赫尔元帅【也翻译成加伦将军、布鲁辙】，是个中国通，北伐战争时期国民革命军的首席军事总顾问，是北伐的战略总设计师，更是蒋介石的座上常客，两人私交甚厚，蒋介石对他评价很高，当时都称其为"加伦将军"。他是苏联首批5位元帅之一，对东北情况和奉军情况非常熟悉，由他来指挥对奉军作战，可谓知己知彼。而奉军是知己不知彼胜算的几率就可想而知。至于苏军中的军官，至少有两位二战中的苏联元帅在此役中担任相当重要的角色。一位是日后因死守斯大林格勒而名扬一时的瓦西里·伊万诺维奇·崔可夫，此时在集团军参谋部从事情报的收集和整理工作，

加仑将军（1890~1938）

　　原名瓦西里·康斯坦丁诺维奇·布柳赫尔，苏联元帅。以"加仑"为化名担任国民革命军军事总顾问，参加中国大革命和北伐，并指导中共发动南昌起义。号称"远东军魂"的布柳赫尔是苏俄国内战争时期成长起来的一颗将星，他曾创造过用一个步兵师打垮了装备有大量坦克、装甲车的机械化的白卫军的奇迹。他是1935年苏联第一批任命的五大元帅之一，也是苏联远东方面长期防御日本侵略的最高将领。1938年11月9日被以日本间谍为罪名秘密处决，1956年才平反。

1929年11月26日，毛泽东被请回红四军主持工作。

直接对集团军司令官布柳赫尔负责。另一位是康斯坦丁·康斯坦丁诺维奇·罗科索夫斯基，二战时期著名战将，此时任库班骑兵第5旅旅长。苏军调动精兵强将，志在必得。苏军在东线首先使用空军进行空袭，轰炸了绥芬河、穆棱两车站，西线以地面部队为主，进攻满洲里及扎赉诺尔，抢占机车，轰击车站。北线在两江口的同江一线，苏军主要以海军舰队为主，占领同江和富锦。

张学良此时也发布了战争动员令，向一线部队发表了告将士书，大意是"国土不能一寸予人，我中华健儿守土有责，义勇向前杀敌，绝不让敌人越过边疆一步，定要雪瑷珲之耻，报海兰泡之仇。"同时向一线增兵，

崔可夫（1900~1982）

　　全名瓦西里·伊万诺维奇·崔可夫，苏联二战名将。毕业于伏龙芝军事学院，后以外交武官身份到中国，对中国军队了如指掌。1929年中东路战争中出任布柳赫尔的情报助手。二次世界大战中，亲率62集团军，面对数倍于己的德军，死守斯大林格勒，与德军展开浴血巷战，最终获胜，因此闻名于世。战后升为元帅。1969年中苏珍宝岛事件爆发，时任国防部副部长兼陆军总司令的崔可夫主张对中国进行核打击，最终因担心中国全民反击而放弃。晚年著书总结战役和战史，留下大量著述。

罗科索夫斯基（1896~1968）

　　全名康斯坦丁·康斯坦丁诺维奇·罗科索夫斯基，苏军二战名将，军事家。在苏联卫国战争中的逆境时期屡建战功，被后人誉为"逆境英雄"。毕业于伏龙芝军事学院，与朱可夫是同学。1929年任库班骑兵旅旅长，与东北军交战于扎赉诺尔一线。1941年7月16日，任集团军军长，因死守莫斯科而闻名。1944年先后任白俄罗斯第一方面军司令、第二方面军司令，由大将升任元帅。

　　1929年10月29日，美国华尔街股市崩盘，世界经济进入十年的大萧条时期。

任命王树常为防俄第一军军长，率一部东北军开往东线；任命胡毓坤为防俄第二军军长，率一部东北军进击于西线。此时奉军一线约十万人，在兵力上略占优势。但用于满洲里和扎赉诺尔一线的兵力，只有两个整编旅，而苏军则在这一线动用了四个整编师。苏军尚未熟练使用飞机、重炮、坦克等大量技术兵器，新型坦克有些士兵根本没见过，而刚刚出炉的坦克有的还没有到一线，大炮的炮筒就掉了下来，几个士兵抬着炮筒跟着坦克跑，弄出许多笑话。同样，张学良从英国那里买来的坦克，已经运抵齐齐哈尔，一部分运抵海拉尔，却没有士兵会用，仅当废铁摆在车站。同样是未能掌握先进武器的使用，但苏军当时的士气很高，苏军的政治工作很出色。而奉军除了两个旅长，多数将领都是土匪出身，军事素质差，军队兵员素质亦差，在第一次直奉战争中这一点暴露无疑，因此奉军一度大力发展海空军，空军实力一度号称全国最强，大量任命年轻将领，但总体上进取精神仍然不足。两军相较，东北军尽管在一线兵力总数上胜于苏军，实际作战能力却远远逊于苏军。

7月28日，双方开战。苏军首先炮击吉林省密山市【今黑龙江省密山市】当壁镇。8月8日，苏军派百余名士兵组成的小股部队在黑龙江沿岸，携大炮2门、机枪3挺，在鸥浦县【今并入大兴安岭的呼玛县】街南门外与中国陆军交战，互有伤亡。同时，苏军5架飞机在绥芬河市上空盘旋，先是鸣空炮，然后在东山陆军防所附近及国界3号洞各投1枚炸弹，随后苏机27架在中国领空飞行数圈而去。下午4时左右，苏军百余人占领满洲里红山嘴子。夜间进至三卡【即"三号卡伦"。卡伦：蒙语，意为"哨卡"】。8月15日，张学良下达对苏作战动员令，派兵6万，任王树常、胡毓坤为东西两路总指挥，增防国境。苏军炮轰东宁，激战一夜未曾攻入，次日黎明苏军撤退。

苏军从呼玛、同江、密山、绥芬河、满洲里多路进攻，重点是满洲里

1929年12月，红四军第九次党代会在福建上杭古田召开，通过毛泽东起草的大会决议案即著名的古田会议决议。

和扎赉诺尔，双方重兵都集结在这里。

8月17日，南京国民政府公开对苏宣战，但南京宣战只是个宣言，并没派一兵一卒增援东北军。15旅梁忠甲旅长报告战况称，所属38团、43团午后与来犯苏军步、骑兵一个团作战4小时，现仍处于对峙中。8月18日晚10点30分，苏军又开始向扎赉诺尔东北军第43团2、3营阵地攻击。8月19日下午1时，扎赉诺尔43团阵地对面苏军又增兵约六七百名。8月20日早6时，苏军用铁甲列车运兵二百余名，向梁忠甲部骑兵10团进攻，战斗1小时左右苏军退去。9月4日，苏军以异常猛烈的火力向驻扎赉诺尔的43团、38团阵地右翼轰击。9月9日下午4时，苏军约一个团，在大炮掩护下，向驻防满洲里车站的中国军队发起猛攻，受到顽强抗击。晚8时30分，苏军撤退。下午4时，东线苏机8架轰炸机轰炸绥芬河车站，中方伤亡五十余人，一名团长受伤。

梁忠甲（1887~1930）

字子信。1907年进入保定陆军学堂炮兵科，后转入保定军官学堂。先后任排长、营长、团长。1922年12月至1923年初，梁忠甲任骑兵第五旅旅长。张学良继任东北三省保安司令，重新整编部队，梁忠甲任步兵15旅旅长。1930年3月8日凌晨，梁忠甲猝死于海拉尔司令部。

中东铁路职员多为苏联人，中下层职工中亦有相当多的苏联人，中东路事件后他们发起大规模罢工，导致中东铁路全线停运。张学良想向满洲里一线增调部队，铁路根本无法使用。

苏军经过两个多月的时间，通过西伯利亚大铁路集结了超过八万人以上的强大兵力，并集结了空军、舰队和火炮群，可以说是立体打击。战端一开，奉苏谈判完全破裂。9月18日苏联政府向各国大使宣布，关于中东铁路问题，苏方始终主张和平解决，而中国态度虚伪、毫无诚意，终止一

1929年8月14日，中国为收回苏联在中国东北铁路的特权，与苏军发生军事冲突，史称中东路事件。

切交涉，并对今后可能发生的事件概不负责。随即，苏军决定对东北军发起致命性的攻击，以促使东北当局回到谈判桌前。

东北军对此亦有了解，于是 10 月 4 日，东北边防军司令长官公署拟定《国民义勇军组织条例》，开始战争动员，称"赤羌寇边，首在抗御，凡属国民或团体有为国牺牲效命疆场之志愿者，投为义勇兵、义勇军。"名义上属个人者，定为国军义勇兵，属于团体者定名为国民义勇军。一些志士虽愿为守土抗战，可一时难以抵达前线。10 月 2 日，苏军步兵一千余人，在飞机大炮掩护下，向满洲里 38 团 3 营阵地进攻，双方展开激战。战斗一直持续到 3 日凌晨。10 月 10 日，贝加尔方面苏军三万人向中国东北边界进发，而此时负责防守的梁忠甲旅已与苏军对峙数十日之多，后援不继，告急求援。

10 月 12 日，爆发了著名的中苏海军三江口至富锦之战，亦称"同江战役"。早 5 时，苏军出动飞机 25 架、军舰 10 艘、机关炮车 40 余辆，

同江战役

1929 年 12 月，红四军第九次党代会在福建上杭古田召开，通过毛泽东起草的大会决议案即著名的古田会议决议。

后又增派骑兵800名、步兵3000人，向同江中国军队王树常所属防俄第一军某部猛攻。至下午3时，同江县城失守。张学良布防同江的陆军和海军舰艇部队及陆战队全军覆没。

11月17日早7时，苏军出动约两个师的兵力，其中就有库班骑兵旅，在大炮、坦克的掩护下，大举进攻满洲里和扎赉诺尔中国军队的阵地，负责指挥的就是罗科索夫斯基。激战到20日，东北军守军两个旅全军覆没，17旅旅长韩光第等2000多官兵战死，守在扎赉诺尔的15旅旅长梁忠甲和7000多名官兵被俘，副旅长战死，梁忠甲等被俘官兵被押往苏联。24日苏军占领海拉尔，中东路之战就此落下帷幕。

张学良战败，不得不回到谈判桌前。12月3日，交战双方在双城子【今乌苏里斯克】签订了《停战议定书》【亦称《双城子会议纪要》】。12月6日，东北当局承认了这个议定书。12月16日，双方在伯力【今哈巴罗夫斯克】再度签订《伯力协定》，随即张学良撤掉了中方的铁路局局长，一切权力交给苏方，中东铁路公司理事会通过了《伯力协定》中的三个主要条件：一、中东铁路为中苏两国之企业，本着1924年签订的《奉俄协定》继续经营；二、恢复《奉俄协定》缔结时之原状；三、审查1929年7月10后发布的

韩光第（1896~1929）

字斗瞻。早年入吉林省立警官高等专门学校学习，后留学日本，入东亚高等预备学校、早稻田大学学习。归国后，入中央陆军讲武堂及东北讲武堂学习。毕业后，历任排长、连长、上尉副官、少校营长等职。1925年，升镇威军27旅41团团长。1927年6月，因屡建战功，破格提升为24师少将师长。1928年11月，东北易帜前，东北军改编，任东北陆军步兵第17旅中将旅长，驻海拉尔。1929年中东路战争中，于11月17日率部与苏军激战于扎赉诺尔，全旅伤亡官兵2000余人，几近覆没，韩光第本人亦阵亡。

1930年4月22日，英国、日本和美国签署《伦敦海军条约》。

关于铁路之命令。《伯力协定》生效，标志着中东路事件基本得到解决。《伯力协定》一经发布，即被国人认为丧权辱国，大受打击。

至月底，东线、西线交战的中、苏军队开始撤退，苏联驻哈尔滨总领事馆恢复，在哈尔滨松北收容所被拘禁的1400余名苏方人员被释放。至此，奉俄铁路之争尘埃落定。

《伯力协定》签署后，梁忠甲于1930年1月10日回到满洲里。2月15日，梁忠甲率第15旅一些随员赴黑龙江省督办公署向万福麟述职。他首先要求将自己撤职查办，哈满护路司令另选贤能。万福麟不允，并让他参加军事善后处理会议。会上，梁忠甲含泪发言："根据这次满扎作战失败，深知我军装备落后，武器太差；无空地作战经验，御空能力薄弱；指挥不统一，徒恃官兵勇气且各自为战。互不统属，指挥失调，尤其第二军归沈阳长官公署直接指挥，胡军长到海拉尔后，未到满、扎等地视察过，也无任何联系，扎、满混战数日，第二军按兵不动，坐观失败，使人遗憾！"这段话算是对扎满战败的总结。

梁忠甲于1930年3月8日凌晨猝死于海拉尔司令部，海拉尔区商民为之痛哭失声，聚于司令部门外者不下千人。据后来有人回忆："及闻梁忠甲死信，莫不潸然泪下，甚至有痛哭失声者。感激梁忠甲驻海、满有年，不但守土防俄有功，即所部军队，亦无扰害商民之处，故在满海一带政声卓著。"梁忠甲的猝然死去，使张学良将军悲痛异常，另拨治丧费3000元【此前万福麟已拨3000元治丧费，合计为6000元】，抚恤有嘉。有关梁忠甲之死，一般认为是煤气中毒，也有人怀疑是自杀，是对阵亡将士的自责，更有人怀疑是他杀。不管是自杀、他杀还是意外，都是煤气中毒所致。

这场战争，从阶级立场来看，是中国军阀与苏联红军的作战；从民族立场来看，这是中国军队与强权苏联的主权之争。涉及中东路战争，两军各有两个关键人物。中国军队是直接参战的两员战将，而苏军方面的两员战将只一人参战，另一人虽没直接参与指挥一线作战，但他提供的战争情报，尤其是他为布柳赫尔【加伦将军】元帅提供的作战信息都至关重要。

指挥中东路战争的俄方全是名将，可谓强将精兵，两军相较，不在一个等高线上，且南京政府只发表开战宣言，不发一兵一卒增援，东北军战败是可以预见的。

扎满战役后，国民政府在扎赉诺尔为这些阵亡将士修了一座"扎满阵亡将士纪念碑"，算是对东北军的一个精神安慰。

受共产国际影响的中共领导人瞿秋白、李立三、向忠发、周恩来发表声明，公开支持苏联，并组织大规模的反对国民党和拥护苏联的群众示威，同时动员全国党员，用组织暴动的形式来支援苏联。对这种做法，陈独秀专门致信中共中央提出批评，认为片面宣传拥护苏联于我们不利，结果中共中央很快正式决议将陈独秀等人开除出党，并明确认为，陈独秀等人犯了右倾错误，在中东路问题上是党内一些动摇的机会主义分子最露骨的表现。新中国成立后，中共中央决定谈判收回中东铁路，不向外公布 1929 年中东路事件及中共当时的态度，这也是中东路战争至今鲜为人知的主要原因。

值得一提的是，中东路事件期间，苏军趁机占领了黑瞎子岛，这是日后中俄在领土争端中最难解决的问题之一。失掉黑瞎子岛，给这场战争画上了最为痛心的句号。

1930 年 5 月 6 日，《中日关税协定》在南京签订。

第十八章 "九一八"的枪声惊碎中东铁路

日本在获取南满铁路之后，尝到了这条大铁路给他们带来的甜头，于是又把目光盯住了苏联控制的中东铁路。张学良父子最初聘请驻守南满铁路的日军做军事顾问团帮助其打直奉战，没想到，日军以此为口实，顾问团的规模越来越大，最后在旅顺口和沈阳一带竟然驻有一个整编师团的兵力，这就是著名的日军第2师团，亦称多门师团【师团长多门中将】，打响"九一八"事变第一枪的军队。

1930年3月，汪精卫、冯玉祥、李宗仁、阎锡山等实力派军阀联合反蒋，在北平成立华北自治政府，与南京国民政府对立。为了添加实力，欲拉拢张学良，许其政务院副总理之职，张学良虚与委蛇，静观其变。5月，蒋介石宣布平叛，出兵北上，双方在河南、河北南部一带展开长达半年的激战，史称"中原大战"，伤亡三十多

阎锡山（1883~1960）

字百川、伯川，号龙池。中华民国陆军一级上将。日本陆军士官学校第六期毕业生，清朝陆军步兵科举人、协军校，同盟会员，组织与领导了太原辛亥起义。民国时期，阎锡山历任山西省都督、督军、省长、北方国民革命军总司令、国民党中央政治委员、军事委员会副委员长、太原绥靖公署主任、第二战区司令长官、山西省政府主席、行政院院长兼国防部长。奉行"中庸哲学"的阎锡山，从辛亥革命开始统治山西达38年之久。阎锡山解放前夕去台湾，1960年5月23日病逝于台北。

1930年9月9日，中央总行委主席团决定成立中华苏维埃共和国。

万人。9 月，北方反蒋联盟军眼看支持不住了，呼吁张学良出兵增援。在关键时刻，张学良倒戈，站在蒋介石一边，并亲率十二万精锐主力部队入关拥蒋，讨伐华北自治政府，华北自治政府随即倒台。可张学良的主力部队以处理战后事务为借口，常驻在北平、天津、青岛等地，造成东北兵力空虚。这时，日本关东军看到了机会，于 1931 年 9 月 18 日晚，日军铁路守备队在南满铁路柳条湖村附近炸坏一段道轨，然后栽赃给东北军，以此为借口，炮击沈阳守军北大营，爆发了震惊中外的"九一八"事变。

当时，驻守沈阳北大营的是一个整编旅，旅长王以哲曾发电给张学良，要予以还击。张学良下令不要扩大事态，结果让日军有了增兵的机会。王以哲率四个整编旅连夜登上火车离开沈阳入了关。离开沈阳时，王以哲眼含泪水，向沈阳城深深鞠了一躬。但王以哲并没随军转移，而是回家对家人做了一个交代，第二天化妆成百姓出了沈阳城，然后上火车去了西安。

除了王以哲在"九一八"事变与中东铁路有关外，还有一个重要的历史事件也是发生在免渡河、乌兰浩特一带的中东铁路线上，这就是"中村事件"。史学界认为中村事件为"九一八"事变重要的导火索之一。

"九一八"事变后，日本立马从朝鲜半岛向中国东北调兵，很快调入十几个师团，不到一周，东北境内日军就增至 38 万，几个星期之后，就有近 50 万之多，包括战车团、飞行大队等多个兵种，形成水陆空作战能力，兵力上占有绝对优势。

1932 年，东北全境沦陷。整个关东大地，狼烟四起，哀鸿遍野。

假如张学良不下令放弃东北，也许历史会重新书写。张学良为何要下不抵抗令？这是令史学界一直争论不休的谜团。实际上，"九一八"事变时，没有入关的东北军还有近 60 万之多，是数倍于日军的，尽管装备落后，也完全可以御敌于国门之外。可历史就是历史，不能假设。客观分析，这

1931 年 9 月 18 日，日本关东军制造"柳条湖事件"，"九一八"事变爆发。

马占山（1885~1950）

字秀芳，著名抗日爱国将领。生于吉林怀德县，祖籍河北省丰润县。曾任骑兵旅长、步兵旅旅长，黑龙江警备司令之职，陆军中将加上将衔。1931年爆发"九·一八"事变，马占山在齐齐哈尔就任黑龙江省政府代理主席兼军事总指挥，率领爱国官兵在嫩江桥一线奋起抵抗日本侵略军，打响了抗日第一枪，史称嫩江抗战或江桥抗战。后辗转于黑河、苏联境内，曾回国到关内，与张学良促成"西安事变"，逼蒋抗战。1945年光复后，蒋介石委以东北剿总副司令，辞职不就，解放后一直寓居北京，1950年病逝。

些军队多是保安团之类的杂牌军，武器装备陈旧不堪，且虚报数字，吃空饷较多，实际上没多少兵力，最主要的是，一些士兵和底层军官，把服兵役当成谋生的一种手段，穿军装就是为了糊口，没有作战意识。

就是这样的部队，也产生了分化。一部分如张景惠部、张海鹏部等先后投降日本，成为日军侵华后中国最早的汉奸部队。另外一部分，如马占山部、邓铁梅义勇军、王德林救国军等，坚决举旗抗战，在全民族都产生了深远影响。随后毛泽民、李延禄、李范武、周保中、李延平、李延青等中共领导人先后到达东北，表明共产党人"一寸河山一寸金"的态度和誓死保卫中华每一寸土地的决心，组织抗联武装开展对日本侵略者斗争，并利用中东铁路线，在白山黑水之间传达中共中央在江西发表的《八一宣言》和中共吉东省委的对敌斗争策略和主张。尤其是中东路沿线，是日军驻扎防务重点，也是抗日武装战斗的主战场。尽管那时中东铁路已经落入日本之手，可在铁路线上的斗争也从来没有停止过。

尤其值得一提的是，傲横一时的天野旅团，就终结在中东铁路沿线，且是铁路工人武装结束了这支队伍的侵略之旅。

据抗联将领李延禄在《过去的年代》里回忆，

1932年4月15日，中华苏维埃共和国临时中央政府主席毛泽东发表直接对日作战宣言。

1932 年 3 月初，口军天野旅团一部分【口军整编旅
为 4700 人，此一部分大约 2000 人，一说当时只率 1000 人
左右】，由少将旅团长天野亲自率领，从延吉向
牡丹江进发，试图打通由延吉到牡丹江的东部山
区，占领牡丹江，进而打通中东铁路东部线。那
时，中东铁路沿线尤其是一面坡以东的东部线，
还控制在东北军手里，一面坡以西的大部分城乡
已经成为日军占领区。得知日军天野旅团长率先
头部队已经抵近镜泊湖南湖头，出于民族大义，
作为东北救国军参谋的共产党人李延禄说服了王
德林部，出兵在南湖头设伏，由李延禄指挥，在
墙缝山打响反击战。日军初到此地，人地两生，
加上三月天气，冰雪遮道，对日军辎重运输相当
不利，所以日军只能轻装进发。就这样，从墙缝
山到松乙沟一连串的伏击战打得日军天野旅团晕
头转向，最后仅剩四百余人于 3 月 21 日逃到宁安
城里，想从宁安到海林车站上火车逃往哈尔滨。

李延禄（1895~1985）
　生于吉林延吉，祖
籍山东平度。号庆宾，
曾用名张德福、杨明、
徐阿六、李士林，人称"李
大个子"。1929 年参加
革命，1931 年 7 月加入
中国共产党，一直是东
北抗联和党的领导人之
一，与李延平、李延青
并称李家三兄弟。东北
抗联第四军军长，中共
七大代表。解放后，曾
任黑龙江省副省长，著
有回忆录《过去的年代》
（骆宾基执笔）。

　　李延禄想在宁安与海林之间设伏，全歼这支
日军，可王德林、孔宪荣等为保存实力，竟然逃跑了，不再出兵。没办法，
李延禄只好到绥芬河 21 旅 600 团张振邦部去借兵。张振邦部此时驻守中
东铁路东端站绥芬河，看在东北军的老关系上，600 团借给李延禄三个有
战斗实力的整编连，近一个营的兵力，数量上优于日军，可李延禄要分散
使用。好在日军初到牡丹江一带，对地形毫不熟悉，尽管日军的军用地图
很详细，可毕竟没到实地考察，一路担惊受怕，加上在南湖头被伏击，在

松乙沟被火烧，连吃败仗，四百多残兵早已成惊弓之鸟。为避开东北军沿途设伏，天野旅团残部用一百元关东票雇了一位曾在宁安日本医院打杂的院工魏学海沿途打探。这时，李延禄将三个连分别部署三处，其中一个连布置在海林车站东的账房山上，一个连就设伏在海林与宁安之间的关家小铺【因有韩姓回民开的大车店和餐馆，也称韩家店】，在关家小铺对面的山头上布置一个排作背后攻敌之势，还有一连设在中东铁路的山市站后山。李延禄的战略意图很明显，不管天野旅团走哪条路，都跑不掉。

关家小铺最为紧要，是两山间要冲。李延禄把最有战斗力的一个连放在这里，连长张宪廷，人送外号小赵子龙，善战而有头脑。不料，魏学海一个人骑马来到关家小铺，看见大车店蒸了很多锅馒头，就不经意问了一句，为什么蒸这么多馒头？正端着馒头往外走的小伙计也无意间答了一句，山上一百多弟兄。说者无心，听者有意。魏学海把打听到的这些情况连忙回去给日本人送信，日本人分析关家小铺临官道的山上有伏兵。通过小伙

日军少将天野旅团长

1932年6月16日，蒋介石为推行其"攘外必须安内"的发动方针，亲任"剿共总司令"，开始第四次军事"围剿"。

计的话，分析可能是东北军的一个连，估算其设伏的大概位置，随即做好了偷袭的准备。

3月22日凌晨，天野旅团残部连夜赶到东北军伏兵驻地前，想发动突袭，恰巧被站岗士兵发现，双方从凌晨开始，打到下午1时左右，伏击战打成了阵地战，李延禄几次增援无果，双方众寡悬殊，包括连长张宪廷在内阵亡107人，日军也伤亡109人，剩余日军不敢恋战，怕东北军来增援就难以脱身，匆匆逃往山市。

这就是历史上有名的关家小铺伏击战。

天野旅团不敢走海林，慌不择路，走荒甸子逃往山市站，又被埋伏在山市的一个连伏击。值得说明的是，山市设伏这个连，连长是个朝鲜族人，守到半夜，因天冷，就升篝火，又喝了点酒，酒后又唱又跳，让日军发现，先开炮袭击，造成伤亡近20人。日军不敢恋战，匆忙逃上火车。他们想登上火车往哈尔滨方向逃，一过一面坡，就是日军控制区，就能安全脱身。李延禄的弟弟李延青接到李延禄截击的电话，在横道河子组织了80多人的铁路工人武装，连忙在高岭子盘山道设伏，先是将日军所乘列车推翻，只顾逃生的日军爬出车厢即被铁路工人武装击毙。最后，只剩不足20人逃往一面坡，据说少将旅团长天野也在这次伏击中毙命。高岭子伏击战，是中东铁路上发生的重大历史事件，也可以说，是铁路工人武装打得最漂亮的一仗。天野少将旅团长也是抗战初期在东北战场上被击毙级别最高的日本军官。还有一种说法，说天野旅团长逃脱。不管天野死与未死，这一连串战役重创天野旅团是事实。

关于天野旅团和天野旅团长的下场，史学界还另有说法，说天野并未在高岭子一役毙命，而是逃往哈尔滨，后率残部归国，由于天野身体有病，转入预备役。1937年2月，再度派遣来华，15旅团的旅团长由片山省太郎担任，归侵华日军的第3军【军长村上启作中将】所辖。第3军为日军第一方面军，后来一直驻守延吉，在第三军所属系列，找不到第二师团，或许第二师团改编入别的师团。此说也存疑。

中东铁路见证了东北同胞不屈不挠的抗日斗争和所经历的艰苦卓绝的斗争历程。

东北全境沦陷之后，日本提出了接管中东铁路的要求。但苏联政府和中东铁路公司坚决不同意将中东铁路转让给日本。日本不能贸然对苏联采取军事行动，红色苏联毕竟不同于沙皇俄国，且刚刚完成了一个五年计划，

满铁奉天铁道局

大连满铁本部（1938年）

[中国大事记]

1933年3月，长城各口遭到日军大举进犯，中国军队奋起进行长城抗战。

国力和军力都得到了加强，早已不是沙俄军队，尤其是 1929 年与奉系军队的中东铁路之战，日军曾作为顾问官目睹了苏军的战斗精神和作战能力，不敢轻举妄动。

日本早就视中东铁路为肥肉，凯觎已久。为了得到中东铁路，一面在铁路沿线动用军队时不时制造恐怖气氛和小麻烦，比如爆炸、冲进车站查工作人员等，常弄得火车不能正常运行。另一方面，沿着中东铁路开始一段一段修复线，开通自己的列车，这也是东北全境尤其是中东铁路线是上下行复线形成的历史过程和主要原因。日本的火车开通后，车票远比中东铁路的车票便宜，且车厢窗子大，宽敞明亮，许多人都选择使用日本人的火车，这就让中东铁路在经营上难以为继，日见局促。

中东铁路再一次面临危机。

满铁列车

附1：满铁机构图表

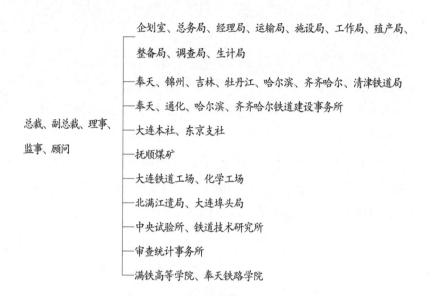

总裁、副总裁、理事、监事、顾问
├─ 企划室、总务局、经理局、运输局、施设局、工作局、殖产局、整备局、调查局、生计局
├─ 奉天、锦州、吉林、牡丹江、哈尔滨、齐齐哈尔、清津铁道局
├─ 奉天、通化、哈尔滨、齐齐哈尔铁道建设事务所
├─ 大连本社、东京支社
├─ 抚顺煤矿
├─ 大连铁道工场、化学工场
├─ 北满江遣局、大连埠头局
├─ 中央试验所、铁道技术研究所
├─ 审查统计事务所
└─ 满铁高等学院、奉天铁路学院

附2：伪满铁路哈、齐、牡铁道局管辖线路示意图

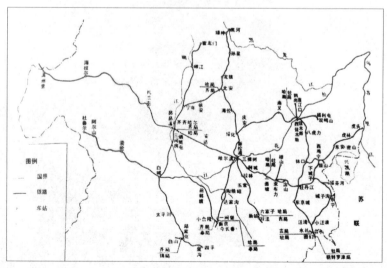

1935年12月9日，"一二·九"运动爆发。

附3：满铁时期中东铁路运能运力表

哈尔滨铁道局运营情况表

年份	货物输送量（千吨）	货运周转量（千吨公里）	货运收入（千元）	旅客输送量（千人）	客运周转量（千人公里）	客运收入（千元）	总收入（千元）	支出（千元）	盈利（千元）
1933	1120	186330	2220	586	41171	823	3043	2172	871
1934	2340	389297	11251	1232	86558	1768	13366	9542	3824
1935	5036	1053867	30371	3955	439007	10202	41635	30708	10927
1936	6842	1316278	29772	5071	584398	9818	40970	29003	11967
1937	7781	1596928	30999	5561	648633	11905	42904	34994	7910
1938	9596	2246276	39262	7545	894906	17057	56319	40985	15334
1939	12675	3047555	49153	11889	1431074	25683	74836	50461	24375
1940	13618	3324159	50534	15386	1746802	32996	83530	58974	24556
1941	17014	4704277	67354	16254	1879520	30864	98218	71951	26267
1942	19906	5246332	79330	20096	2286254	37479	116809	84311	32498
1943	13547	3570383	53990	25930	2704505	54861	158657	107258	21399

注：币制为伪满国币

世界大事记 1936年12月5日，苏联颁布新宪法，标志着社会主义制度在苏联确立。

齐齐哈尔铁道局运营情况表

年份	货物输送量（千吨）	货运周转量（千吨公里）	货运收入（千元）	旅客输送量（千人）	客运周转量（千人公里）	客运收入（千元）	总收入（千元）	支出（千元）	盈利（千元）
1933	2932	616180	15165	1735	244956	3615	18780	10755	8025
1934	3993	839157	16460	1668	235497	4306	21506	12317	9189
1935	3127	932716	15826	2200	278056	4688	21453	15394	6059
1936	3824	1149801	20808	2667	389225	6500	28072	21538	6534
1937	4024	1217965	23530	3171	414824	7542	31072	24886	6186
1938	5111	1727272	29198	4187	544379	9570	38768	28324	10534
1939	6947	2409867	38236	6626	909790	14388	52624	35951	16673
1940	6842	2256939	34479	8152	942364	16592	51071	43868	7203
1941	8263	2578496	37186	8762	1012084	17322	56000	56598	−598
1942	8530	2427955	38006	10216	1188468	22697	64231	67897	−3756
1943	7410	2109161	33019	13240	1513715	33207	75426	73349	2077

注：币制为伪满国币

1937 年 7 月 7 日夜，卢沟桥一带中国军队遭到日军袭击，中国守军第 29 军予以还击，全面抗日战争开始，史称“七七事变”。

牡丹江铁道局运营情况表

年份	货物输送量（千吨）	货运周转量（千吨公里）	货运收入（千元）	旅客输送量（千人）	客运周转量（千人公里）	客运收入（千元）	总收入（千元）	支出（千元）	盈利（千元）
1936	1806	301563	4962	2002	144607	2684	7919	8689	-770
1937	3380	625739	12199	4302	323690	5711	17910	18818	-908
1938	5993	1314009	22110	5690	518240	8760	30870	28946	
1939	8165	1779723	28223	8317	792016	13268	47736	43714	
1940	11059	2177455	32221	10578	975828	17123	49344	57143	
1941	15167	3155283	43623	10425	1027148	19425	65120	68731	
1942	17992	3503204	51258	13756	1361499	30032	94565	86651	
1943	18727	3646315	53354	15581	1455026	38414	105978	120327	

注：币制为伪满国币

1938 年 12 月 22 日，日本提出"近卫三原则"，即"善邻友好、共同防共、经济提携"。

第十九章　铁路易主——红色苏联的无奈

1932 年，日本扶持了满洲国傀儡政权。为了掩人耳目，要伪满洲国与苏联政府谈判，收回中东铁路。日、满、苏举行三方会谈，依据《东省铁路公司章程》，中国可以有价收回。由于清政府、北洋政府早已垮台，张学良也逃到关内，伪满洲国就成了中国东北政府的代表。最后，于 1935 年 1 月 23 日，日、满、苏三方达成协议，苏联政府以 1.4 亿卢布的低廉价格将中东铁路全线包括所属设施及地段卖给了满洲国。战后有人核算，当时出让的价格，一节车厢仅相当于当时东北流通券的 5 角钱，按当时的市场物价，一节车厢只换一个大萝卜。

1935 年 4 月 2 日，苏联铁路员工开始撤回苏联。5 月 19 日，中东铁路局苏方局长鲁德义撤走，这标志着铁路管理权彻底交割给日本方面。到 8 月 21 日最后一批员工和家属撤离，共撤走铁路员工 6028 人，家属 14607 人，共计 20635 人，前后共使用编组列车 88 列，使用车辆 3755 辆，至此完成全部苏方人员大撤离。许多员工在中东铁路上工作了几十年，对这条大铁路充满感情，许多人撤离时，抱头痛哭，包括铁路管理局局长鲁德义，都是含着眼泪离开中国的。

日方接管了中东铁路之后，随即将中东铁路总局技术传修所改为铁道学院【院址在今哈尔滨工业大学图书馆】，一切管理系统皆按满铁操作。此时满洲国在日本关东军的控制之下，中东铁路名义上归满洲国，实际上是归

1935 年 12 月 9 日，"一二·九"运动爆发。

了日本，由日本的满铁公司经营。这条铁路本来是两个国家合股经营的，而由日本关东军扶持起来的傀儡政府满洲国还没有得到中国南京政府的承认，国际社会也没有认可，苏联竟然不顾中国的主权单方面转让。铁路易主，这是苏联政府和中东铁路公司最无奈的一件事，也是当时中国政府无能的表现。本是两国合营，而且由东北当局驻军的中东铁路，随着东北全境的沦陷，中东铁路也陷于无庇护状态。失去军队的保护，铁路易主，也就不可避免了。

1936 年，日本全面接管中东铁路，全路正式进入满铁时代。

为了使这条铁路达到俄国列车永远无法通行的目的，日本方面开始改轨。俄制铁路的轨距为 1520 毫米，标准轨距为 1435 毫米，日本人接管铁路不久，就将铁路轨距全面改为 1435 毫米，这种铁轨被称之为窄轨或准轨。为防止苏联红军突袭，又将中俄边境绥芬河铁路入境口的三个隧道全部用钢筋水泥堵死，且动用大量华人劳工，沿着边境线修筑了大量的军事要塞。为了使军事要塞保密，凡修要塞的人员几乎被全部处死。可以说，日本侵华所犯下的滔

松冈洋右

本庄繁

天罪行馨竹难书。日本方面的所作所为，也是苏联政府最不想看到的事情。如今，绥芬河与满洲里火车过境处都留有一段宽轨和准轨套行的铁路，民间称骑马线，一般称套行轨，就是为了双方列车都可以通行，这是历史留下的无奈。

当日本获得中东铁路路权之后，日本满铁公司总裁松冈洋右很自豪地宣布，中东铁路全线进入满铁时代。但这时的满铁公司，已经完全掌控在日本关东军司令长官手中。从首任关东军司令官本庄繁开始，铁路一直在军队控制下，成为战争运转的机器。

日本满铁路公司改轨工程首先从南部线开始，即从长春到哈尔滨路段。然后就是从绥芬河到满洲里，全部改为窄轨【准轨】。苏联政府对此极为不满，这使苏联火车根本无法通过中国，也无法实现快速接济海参崴军事基地，只能绕行西伯利亚大铁路。然而，路权已经易主，不满也于事无补。从此，中东铁路改为满洲铁路，成为日本疯狂掠夺中国资源，奴役中国人民的工具。日本在铁路沿线铺设大量的铁路轻轨【小火车】，开设伐木场上千家，东北全境的煤矿都落入日本人之手，关东所有杂货店、工厂悉归日本人所有，仅银行就达 100 多家。整个东北彻底沦陷。

中东铁路在日伪手里整整经营了十年。十年之后，中东铁路又一次站在了十字路口。

第二次世界大战苏德战争，苏联取得了彻底胜利。太平洋战场，美军也逼近日本本土，消灭驻守中国东北的日本关东军已经成为二战的最后的关键问题，按照《雅尔塔协定》，苏联红军要于打败德军三个月后出兵中国东北。

苏联终于可以向日本报一箭之仇了。

为了一条中东铁路，纠结了几代人。

1937 年 7 月 7 日夜，卢沟桥一带中国军队遭到日军袭击，中国守军第 29 军予以还击，全面抗日战争开始，史称"七七事变"。

第二十章　毛泽东的出访与中东铁路回归

1945 年 8 月 8 日，按照《雅尔塔协定》，苏联红军对日宣战。8 月 9 日出兵中国东北。经历过对德战争的苏联红军，以胜利之师的昂扬斗志步入中国战场。苏联红军后贝加尔军区，远东第一方面军、第二方面军、太平洋舰队和阿穆尔军区舰队等，共编组成 11 个合成集团军、一个坦克集团军、一个骑兵机械化集群、三个空军集群、三个防空集团军，总兵力 150 多万，大炮 26000 多门，坦克 5500 辆，飞机 3800 架，舰艇 500 艘，从东、西、北三个方向同时攻入中国东北境内。华西列耶夫斯基是参加过一战和二战的苏军元帅，被任命为远东作战总司令。东路入境线为虎头要塞、绥芬河及东宁要塞，由麦列茨科夫元帅指挥第一方面军主力担任主攻。西路

华西列耶夫斯基（1895~1977）

全名亚历山大·米哈伊洛维奇·华西列夫斯基，苏联元帅，军事家。出生于伊万诺沃州一个神甫家庭，早年就读于阿列克谢军事学校速成班，参加过一战，任过连长、营长，后加入苏联红军，历任副排长、连长、营长、副团长、团长。参加过对波兰军队的作战，1936 年入伏龙芝军事学院，毕业后在总参谋部任职，加入苏联共产党，苏德战争期间任总参谋长，虽未到前线，却参与制订了许多大的战役作战方案，并直接指导、协调各参战部队作战，为苏军大反攻制订了作战计划，战后晋升为元帅。苏军出兵东北时，出任远东苏军总司令，率军出兵东北对日作战，在中国战场上，以绝对优势兵力，横扫千军。战后，任苏联国防部第一副部长。

1945 年 2 月，美国、英国和苏联三国在雅尔塔皇宫内举行雅尔塔会议，是制定战后世界新秩序和列强利益分配问题的关键性的首脑会议。

由中蒙交界的突出部海拉尔一线突入大兴安岭南部，由马利诺夫斯基元帅率贝加尔方面军长驱直入。北路由黑河、孙吴、抚远、虎头一线突入，由普尔卡耶夫大将率远东第二方面军强渡乌苏里江、黑龙江。苏联红军犹入无人之境。

　　此时驻守东北日本关东军野战部队只有75万左右，号称百万。但由于此前美国在太平洋战场上节节胜利，派飞机多轮轰炸东京，并扬言像苏军进攻柏林一样进攻东京。日军为了增加本土防御力量，将关东军主力抽

雅尔塔会议

　　1945年2月，苏、美、英三国领导人在苏联的雅尔塔举行了首脑会议，商定打败德、意、日后权益问题，苏联提出了恢复在中国丧失掉的全部权益，其中包括大连港国际化、苏联租用旅顺口海军基地、中东铁路由中苏合办共管等方面内容

　　1945年8月16日，满洲国皇帝溥仪，被日本关东军挟持准备去日本，在沈阳东塔机场候机时，为空降的苏联红军逮捕。

苏联红军攻占哈尔滨

　　1945年8月8日，苏联对日宣战，8月9日出兵东北，以华西列耶夫斯基元帅为总司令，出动150多万兵力，从东、西、北三个方向攻入中国东北，像狂风一样摧枯拉朽，给号称日军之王的关东军以毁灭性打击。8月15日，日本天皇发布停战诏书，9月3日，正式签订投降书

调了二十多个整编师团几十万兵力回到本土防御，做好同美军作战的准备。关东军不足的部分，由开拓团或其他国内动员来的后备队组成，虽然也是70多万主力部队和20多万宪兵部队，也近百万之众，可战斗力已经大大减弱，达不到王牌部队的标准。日军和苏军比较，强弱胜负不战自明。面对强大的苏联红军，在中国东北肆意横行了14年的日本关东军不堪一击。在东北上空飘扬了14年的太阳旗，一夜之间纷纷坠落。自从1894年以来，一直视中国人为"支那"的日本帝国的军队，第一次在中国的土地上下跪求活。

1945年5月8日，德国无条件投降，纳粹德国覆灭。

哈尔滨市民欢迎
苏联红军

在苏联红军的强
大打击下，日军投降

日本投降签字仪式

1945 年 8 月 28 日，毛泽东抵达重庆开始与蒋介石会晤。

1945年8月15日，日本裕仁天皇宣布停战，日本无条件投降。8月31日，苏军仅仅出兵二十几天，东北全境就解放了。苏联红军赶走日本关东军占领东北全境的第二天，就正式在铁路沿线驻军，并接管了中东铁路。由于东北伪满洲国随日本关东军一起倒台，有关苏联与满洲国签订的收购中东铁路的协定自行废止。在日本天皇发布停战诏书的前一天，也就是8月14日，南京国民政府与苏联政府签订了《中苏友好同盟条约》《中苏关于中国长春铁路协定》以及有关大连、旅顺口协定等文件。

《中苏友好同盟条约》签字仪式

　　有关长春铁路协定的主要内容有五个方面：一是中东铁路和南满铁路合并为中国长春铁路，简称"中长铁路"，由中苏共同拥有、共同经营，自这一天起，中长铁路的名称正式用文件的形式固定下来；二是铁路既为双方共有，利益均等，任何一方无权全部或部分转让；三是铁路仍沿用以前旧制，中国人任理事长，苏联人任铁路局局长；四是在对日作战时期，苏联军队有权使用铁路运输军队和军需物资；五是协定有效期为30年，

1945年8月15日，日本法西斯宣布无条件投降。

期满后苏联将铁路连同其附属设施及一切财产无偿交还给中国政府。

9月初，在苏军驻长春将领喀尔洛夫少将主持下，中国长春铁路公司理事会在长春挂牌成立，接收了南满洲铁道株式会社总社，国民政府委派张嘉敖任理事长，苏军临时委任喀尔金中将任副理事长。同时，中国长春铁路管理局在哈尔滨挂牌成立，局办公地址仍是原中东铁路管理局址，苏联政府委派儒拉夫廖夫少将任局长。

1945年11月，中共中央东北局成立，并在齐齐哈尔建立了齐齐哈尔铁路局，开始管理齐齐哈尔到满洲里及北至北安的铁路，并建立了护路军。随着苏联红军的撤离回国，东北局势逐渐呈现内战乱象，长春铁路管理局部分路段开始失控。12月，国民政府委派的中长铁路管理局副局长到哈尔滨就任，并任命齐齐哈尔铁路局局长接收铁路，兼齐齐哈尔市光复军副司令。国共两党开始在东北上演接收大戏。

满洲里铁路木板房（1938年）

1945年10月10日，中国国民党和中国共产党签署《双十协定》。

1946 年 7 月 10 日，中共中央东北局为了整治铁路乱象，决定成立东北铁路管理总局，由东北局副书记陈云兼任局长，李富春、陈正人兼任政委，吕正操兼任副局长。中国共产党人第一次正式管理中东铁路。同时，苏联方面的铁路局局长仍旧存在，出现了一条铁路两国各有一个管理系统的局面。苏联铁路局局长一般只负责铁路运营，而中共方面更多是管理铁路沿线，并渐渐利用铁路调动军队，并发动群众支援前线。1949 年底，新

中长铁路交接仪式

1949 年新中国成立，1950 年 2 月，毛泽东率中共代表团赴苏联访问。图为毛泽东在满洲里站

1946 年 1 月 5 日，中华民国承认蒙古人民共和国独立。

中国成立后，铁路乱象逐渐改变，两个局长问题还需要解决。12月6日，经过努力，毛泽东第一次出访莫斯科，会见斯大林，主要是谈判签订协议。1950年2月14日，新的《中国长春铁路协定》签订，在管理铁路上，基本内容和上一个协定没什么改变，只是签协定的政府由原来的南京政府变更为中华人民共和国政府。不同的是，新的协定规定，铁路局局长由中苏两国实行逐年轮换，且是临时过渡局。最重要的是，协定重新界定了中苏共管的年限，由国民政府与苏联共管三十年变为两年，1952年底，铁路归还中国。这是毛泽东第一次访苏最为成功的一笔。

1952年12月31日，中苏共管的中长铁路全部移交中国。至此，中东铁路才真正回到中国人民怀抱，成为新中国大铁路的一部分，成为中国人民的铁路。

毛泽东访苏时与斯大林会面

1950年6月30日，毛泽东颁布命令，公布施行《中华人民共和国土地改革法》。

苏联领事馆

　　正是因为有了这条大铁路，新中国的工业基地才确立在中国东北。时隔百年，这条大铁路仍然是东北铁路网络格局的主要骨架，东北的发展与中东铁路密不可分，新中国的发展同样与这条大铁路密不可分。

1951 年 10 月，朝鲜战争停战谈判开启。

第二十一章　一把难以言说的双刃剑

　　条中东大铁路，就是一部中国乃至东北亚的近现代发展史。

　　众所周知，中东铁路是沙俄帝国和日本军事帝国争夺东北战略利益的产物，也是西方列强瓜分中国利益甚至是中国领土的见证。尤其是日俄两个相邻的帝国，都想拥有中国东北的土地，谁先占领中国东北土地的战略支点，谁就占得了先机，占得了主动和话语权。沙俄帝国欲南下太平洋，日本帝国欲北上大陆，双方博弈乃至利益碰撞，其交接点恰好就是中国的东北和朝鲜半岛。

　　中国东北向来就是一块宝地，物产丰饶，因而成为当初闯关东的人的重要谋生地。这里矿藏丰富，山林密布，土地肥沃，水系发达。拥有了东北，就拥有了资源和经济保障。这样的地方，怎么能不让列强垂涎三尺？因此，日俄两国都想及早下手，于是就有了中日甲午海战，日本抢到辽东，俄国硬逼着归还辽东，为了不让日本再度占领中国东北，促成大铁路的建设，有了大铁路，就更加战端频开。大铁路不仅构架了东北的交通格局，形成交通大动脉，而且它穿越东北腹地，触角直达港口要塞，又形成了重要的战略支点。大铁路无疑是控制中国东北的战略利器，因而导致了日俄战争和中东路战争，导致了俄国、日本、北洋政府、东北军、苏联政府你争我夺，致使铁路几易其主。这种不断的战争和走马灯似的你来我往，都毫无疑问地证明了这条大铁路的重要性。

大中东铁路记事

　　1896年，清政府特使李鸿章赴俄祝贺沙皇加冕典礼，与沙俄签订《中俄御敌互相援助条约》（简称《中俄密约》），允许俄国修筑东清铁路。

可以说，中东铁路是俄国在华获取东北战略利益的历史见证。同时，中东铁路也是东北开发历史的发轫，只因有了中东铁路，东北才随着飞速旋转的车轮一日千里向前发展，从蛮荒一步步走进文明。因此说，中东铁路是一把双刃剑，这是史界不争的共识。

从中东铁路诞生那天起，无论是在俄国人手里还是在日本人手里，它都是侵犯中国主权、掠夺东北及铁路沿线领土资源的一把利器。最有力的证明就是东北早期开发的抚顺煤矿、扎赉诺尔煤矿，鸡西煤矿虽不在中东铁路线上，然而日俄战争初期，沙俄加紧将鸡西煤矿的煤碳源源不断运往中东铁路线上以备其战争应急。中东铁路沿线的森林，更是被日俄两个帝国、尤其是日本采伐得一片狼藉。中东铁路修建时所使用的枕木，建站房、教堂及职工用房所用木料，无一不是铁路沿线的中国原木。这些木材在铁路建设合同中明确规定，所用沙石可就地取用，木材使用宽度不超过12.5公里，可中东铁路公司的伐木场竟然远离铁路线达25公里左右，即便是吉林省与铁路公司所签订的《展地合同》，也不应超过25公里。可铁路公司为满足扩张略地的需要，买通黑龙江省铁路交涉局局长周冕，竟然签下《黑龙江省铁路公司伐木合同》，其中大兴安南端的成吉思汗站到雅克山站一带超大限的长300公里，宽30公里的森林面积。更过分的是呼兰河、权林河、诺敏河等地段，竟然控制在长150多公里，宽50多公里，就连黑龙江将军程德全都看不过去，认为很多地段如呼兰河一带，根本就是无木之地，如此签约，就是为了强占土地，大大超出了铁路所需木材和土地范围。

中东铁路建设之初，大量的木材如道枕、铁路建房用材，都是免费使用的。后期用于其他目的的用材，也仅给极低的价格。为了使用这些不花钱或廉价的原木，中东铁路沿线的一些建筑诸如教堂、职工用房甚至全部用上等的好红松。这些建筑至今还在铁路沿线有所遗存，是当年铁路大量消耗原木的佐证。1907年后，徐世昌就任东北三省总督，对资源严加控制，局面略好一些。而后来日本占领时期，东北沦陷，资源掌控在日本人之手。日本人较之于俄国人，更是有过之而无不及。不仅强行使用中东铁路沿线的资源，尤其是煤炭和原木，更是把原木就地加工再高价卖给中国人，更有甚者是把原木、煤炭、矿石等资源源源不断运回到本土，或在本土加工后再销往其他国家。可以说，铁路给掠夺带来了便利，使日本帝国主义利用中东铁路在中国东北掠夺资源到了无以复加地步。

　　不论从哪个角度来看，中东铁路本身其实没有任何色彩，它只是交通工具，给人们的出行和货物运输带来便利。问题是它在谁的手中，为谁所用，怎么用。中东铁路是当时清王朝国势衰微，希望"得一强援"背景下诞生的由外国和中国共同投资修筑的大铁路。以今天的眼光看，中东铁路应该是中国最早的招商引资大铁路，这是开放，是超前。可在当时的背景下，与招商、合作开发无关，是纯粹的弱肉强食。铁路诞生后，日俄两国都先后向铁路沿线大量移民，说它带有殖民色彩似乎也不为过。俄国移驻的多是铁路公司的职工和家属，两万多人似乎还说得过去。日本从满铁开始，到"九一八"事变后大量移驻开拓团，最多时高达80多万人口，这就是占领，是殖民了。

　　不管这条铁路是在什么背景下诞生的，也不管这条铁路具有什么色彩，客观上说，它给中国东北带来了巨大变化，对东北的发展和文明程度的提高，有着极强的历史推动作用。时隔百年，我们必须客观来看，这条大铁路，我们无疑是受益者，它带给中国的利益远大于俄国的利益。且受益是多方面的，尤其是让一个古老的民族看到了西方文明，看到了强权下要自强，看到了社会发展就需要工业、需要交通，看到了社会进步需要更新观念、

1903年7月14日，东清铁路全线通车，并开始正式营业。

跟上时代步伐。总之，这条铁路推动了东北乃至中国向前发展。中东铁路除了日本占领东北时期，中国人民完全失去了控制，除此之外，中国政府乃至北洋政府，都一直没有放松对铁路的管理和控制，从来没有放弃不管。尽管路权在俄国人手里，可中方一直在不断地争取路权。

可以说，这条大铁路改变了中国，更改变了东北。没有这条大铁路，东北发展到今天的这种程度，至少要晚几十年。凡事都有利弊，中东铁路当然也不例外。

自从铁路诞生那天起，这条铁路线上就烽火不断，战事频仍，让铁路沿线的东北人民饱经战患的同时，也让东北人民得到一定程度上的历练，从而使东北人民变得更加坚强，更加有韧性，也更加不屈于外侮。这也是

铁血团墨盒

"九一八"事变之后，东北民众能自发起来抗日，组织救国总会，组织铁血团，组织义勇军和抗日救国军等等的历史积淀因素之一。最后，这些抗日力量在共产党组织下，形成了东北抗日联军。是东北人民最早扛起了中华民族救亡图存的抗日大任，在极恶劣的自然环境下，坚持与日本侵略者斗争，仅这一点，东北人民就有理由自豪。连年的战事，还催生了东北人民的正义感和方向感，催生了最早的东北民众的觉醒。正在此时广大民众看到的共产党是正义、光明、公平和民主的，所以他们发自内心愿意跟着共产党一起打天下，放下锄头摸起枪杆跟着林彪大军走，推着小车到辽沈战役前钱，且义无反顾。是这条大铁路，给东北民众带来了新的思想，最早接触了马克思列宁主义，促进了东北民众的意识觉醒。

1904年后，日俄战争后，沙俄把南满铁路的长春至大连段转让给了日本。

由于铁路的开通，改变了东北原有的生活形态和经济模式。东北民众大多是来自关内的闯关东者及其后裔，和原住民一样，依靠大自然的恩赐来满足自己的衣食住行，最主要的生活模式和经济模式就是自给自足的小农生活和小农经济。"二亩地，一头牛，老婆孩子热炕头。"这是当时东北民众最理想的生活模式。每年的收成，全部用来自给自足，有粮吃，有房住，有衣穿，这就是生活的全部。漫长的冬天，一家人聚集在温暖的小火炕上，其乐融融，因此有人戏称东北的文化发源于炕头。自从有了中东铁路，这种原有的模式受到强烈冲击，因为铁路沿线很快诞生商业区和城市，这些城市的快速扩张，吸纳了大量的农民和小商业主，同时，城市的需求，也提升了农民的耕作收获进入市场的机会，这就加速了铁路沿线的小农经济向商品经济的转化。农业商品化，山产商品化，促使人们不再只是简单的满足于现有的生活，而是想办法将自己的产品变成商品。可以说，东北是中国最早尝试农业商品化的土地，跟五口通商的口岸经济有很大区别。

　　随着商品经济的发展，铁路沿线城镇人口迅速膨胀，一批新兴的工业城市迅速崛起。一条大铁路，加速了东北的城市化进程。跟中原相比，开发较晚的大东北有着高密度的城市群，而且多分布在中东铁路沿线，这不能不说是中东铁路的拉动作用。仅举几个例子来看中东铁路沿线的城市发展。

　　哈尔滨，1896 年中东铁路施工初期，只是傅家甸子【道里】、田家烧锅【香坊】、秦家岗【南岗】、王家岗【王岗】等几个分布江滩的小村子，远不如东部线的小镇横道河子。那时的横道河子是施工地和伐木场，华人劳工和家属加起来近 6 万人，是煌煌大镇，所以俄国人称其为城市，约金斯克。可如今的哈尔滨，已经是高楼拔地，城市面积接近 5.4 万平方公里，

中东铁路大事记

　　1920 年，东清铁路始称中国东省铁路，简称"中东铁路"或"中东路"，长春以北段（即北满铁路）由中苏共同经营。

常住人口就近 1000 万，加上流动人口可达 1200 多万。哈尔滨的今天，与中东铁路息息相关。没有中东铁路，就没有哈尔滨。

大连，1896 年中东铁路施工初期，不过是陶家湾、清泥洼子【俄国人改称"达里呢"，意为"远方"】、旅顺口等几个小渔港，仅几百户人家，以打鱼为生。当时的大连，远不如金州繁华。如今的大连，凭借依山傍海、铁路端点和路陆海联运，已经形成了城市面积 1.3 万多平方公里，常住人口 670 万，加上流动人口，高达 900 多万，同样是规模较大的城市。更重要的是，大连已经成为东北重要的出海口岸。

海拉尔，草原上的城市。1896 年中东铁路建设初期，这里只是一片大草原，荒无人烟，仅有游牧的牧民在这里搭了几个蒙古包。"海拉尔"是蒙古语"野韭菜"的意思，可见这里是生长野韭菜的土地。铁路动工之初，除了游牧的蒙古人从这里经过，几乎就没有常住人口。到了光绪三十三年【1907 年】，这里才有团体人群，不过是中东铁路的一个办事机构在这里，人口也不过数百人。如今，这里已经是草原上的一个重要城市，2001 年盟改市，这里变成呼伦贝尔市海拉尔区。城市面积 1500 多平方公里，常住人口 35 万多，加上流动人口，近 50 万，在辽阔广袤的大草原上，这算是一个颇有规模的大城市。

牡丹江，1896 年中东铁路通车之初，这里还是没有常住人口的黄花甸子，甚至连车站都没有，只在今天的黄花甸子设一个乘降点。1907 年后，由于牡丹江大桥设立了兵站，驻守铁路护路队的一个班才在离江岸不远处设站【今天的太平路下坎设一个五等小站，那时，东部线只有横道河子是二等站】，后来修筑图佳线，形成十字交叉路口，货物人流需要在这里周转，这里才渐渐有了团体人群。如今，牡丹江已经是黑龙江东南部的核心重镇，城市面积 2100 多平方公里，常住人口 80 万，加上流动人口，近 100 万，加上所辖市县人口近 300 万之多。

　　此外，还有口岸城市如满洲里、绥芬河等地。在铁路建设之初，全都是荒无人烟之地。

　　中东铁路沿线曾经有过几个城市，如齐齐哈尔、长春、沈阳等，当时颇有些规模的是沈阳，也远不似今天这般。长春不过是长春府城，人口不多，宽城站设立后，人口倍增。齐齐哈尔曾是黑龙江将军驻地，可中东铁路通车时，人口不过数千，也远不似今天。

　　仅举上数几例，就可见一斑，更不要说一个又一个小城镇。中东铁路，无异加速了铁路沿线的城市化。正由于东北迅速崛起的城市化，才使新中国的老工业基地建立在东北，且都分布在铁路沿线。齐齐哈尔重型工业、军事工业、铝制品工业等，哈尔滨的三大动力、直升机制造、锅炉制造、光学仪器等，长春的汽车制造、光学仪器、机车车辆等，牡丹江的机车车辆、纺织、军事工业等，吉林市的石油化工、机械制造等，沈阳的重型工业、飞机制造等，鞍山的钢铁工业，大连的造船、机车制造等等。除此之外，东北老工业基地还有大批的轻工业，从大机械制造，到针头线脑，新中国依托东北丰厚的资源、便利的交通及苏联专家的援助，形成了全面的工业立项和轰轰烈烈的大生产。可以说，没有中东铁路及中东铁路形成的交通优势，新中国的工业基地能否选择东北也未可知。

　　更重要的一点，由于中东铁路的开通，使铁路沿线的人们，生活水平逐年提高。随着生活的改善，加上城市化，人们的生活观念也随之大大改变。在清王朝末年，中国国民的思想还是相当保守的，由于受儒家思想几千年的濡染，尽管有过八国联军攻占北京、有过五口通商，可带进来的外国思想毕竟有限，影响力也不够深广，除了大上海和香港最早接触了西洋的生活理念和生活方式外，其他城乡仍旧处于传统的封闭状态。特别是东北平

　　1945 年 8 月，抗日战争胜利，苏军驻扎中国东北，中东铁路改称中国长春铁路，由中苏共管。

原，人们过着农耕和放牧生活，相对比较封闭。每天只求温饱，住着泥坯房，戴狗皮帽子，穿靰鞡鞋、老羊皮袄、缅裆裤子。当看到俄国女人冬天也穿布拉吉【裙子】、夏日更是穿比基尼袒胸露肉和男人一同到江滨浴场游泳，到广场跳舞，喝伏特加、啤酒和红酒，吃列巴、火腿肠等等，让铁路沿线广大民众耳目一新，看到了不一样的生活，开始一点点接受了这些外国事物，并潜移默化地在改变着自己的生活方式和生活理念。人们也学着喝啤酒、生产啤酒，生活语言中也增加了"喂大罗""革毕旦""闹目""马达木""捷沃斯嘎"等俄语词汇。女人们也开始学会打扮自己，并穿起了布拉吉【即连衣裙】。实际上，中东铁路让东北最早成为开放或半开放的土地，成为新思想和新理念的传播地。这也是今天东北容易接受开放理念、新鲜事物的主要历史成因。

总之，中东铁路已经成为历史，而今天的大铁路，正成为改革开放的强大动力，拉动整个东北乃至中国的经济和社会，以一日千里的速度向前发展。

2014.10.07 完稿于海林寓所
2014.10.22 二稿完于海林寓所

1952 年 12 月 31 日，结束中苏共管，中长铁路（原中东铁路）完全由中国收回，归中国所有。

中东铁路大事记

191

附录

风雨
中东铁路

哈尔滨城市掠影

　　中东铁路的通车，不仅极大改善了东北的交通条件，为人们出行提供便利，同时加速了铁路沿线的商品化和城市化，使原始封闭或半封闭状态的亘古荒原一下子进入了苏醒和开放状态。由于是跨国铁路，不同肤色、不同民族、不同思想的外国人纷纷踏上这片土地，不仅撞击了原有的传统意识，也带来了不一样的思维方式，从而激发了这方土地的活力，更重要的是在生产、生活、民俗风情、衣食住行等诸多方面推动人们改变了传统的方式。直到今天，东北人粗犷奔放的性格和开放包容的襟怀，都与中东铁路有着或多或少的历史渊源。尤其是铁路自身发展，都与中东铁路不可分割。新中国成立后，全国进行大规模的路网建设，其运行模式，仍旧依照中东铁路，可见中东铁路影响之深远。

哈尔滨全貌

　　哈尔滨是中东铁路的枢纽，中东铁路局和许多工区的指挥部就设在这里。哈尔滨凭借铁路交叉和临河跨江优势，很快发展成一座平原重镇

傅姓人开办的大车店。后成为村屯，1901年滨江厅同知何厚祺改店字为"甸"，遂成地名

咸丰年间，从山东闯关东来的一田姓人家在今香坊开设一家永兴德烧锅（烧酒坊），后渐成村落，聚二百余户，远近闻名

哈尔滨最早拥有江滩领地的大地主，满族人恩祥，在拉林旗务处领得70垧地的开垦权，富甲一方

哈尔滨最早只是傅家甸、田家烧锅、秦家岗、渔亮子等三个村落和一个打鱼行船码头。傅家甸（今道外）

地主旗人恩祥

秦家岗（今南岗）。秦姓人家居多而得名，有了火车站之后，也称小南岗，后称南岗

渔亮子（今道里）。江滩码头，打鱼人晒网之地，俄国人修路后称埠头区，今天的道里

埠头区（今道里街区）

开埠初期的埠头区中国大街（今中央大街）

道外傅家甸子

傅家甸子繁华的街道

　　1903年通车后，哈尔滨已经渐成规模，有了东方都市的风范。

哈站建成后的南岗，图为站前街

南岗秋林洋行

站前南岗大街（今中山路）

中东铁路俱乐部全景

香坊的街道

香坊的公园

199

振兴旧城

齐齐哈尔

齐齐哈尔站旧楼（日伪时期建筑）

建设中的齐齐哈尔站

齐齐哈尔最繁华的正阳大街

沈 阳

沈阳城近郊

沈阳城西门

奉天站前广场

老沈阳街区

辽 阳

　　铁路兴建之前的辽阳，曾是元代旧城，清王朝发轫之初建都的地方，也是清王朝入主中原初期流放罪犯的地方，更是东北的代用语。

辽阳老街

辽阳老火车站

旅　顺

　　开埠初期的旅顺口，只是大清北洋水师驻扎舰队的地方，1894 年后成为渔港。

1903 年中东铁路伸入旅顺港湾

中东铁路通车后的旅顺港新城

旅顺军港

1903 年的旅顺火车站

大 连

开埠前的大连，被称为清泥洼子，为海边渔民临时避风的地方。

大连建设总工程师
兼市长萨哈洛夫

大连港全景

大连中心广场

牡丹江

　　铁路兴建之初的牡丹江市，原本是荒无一人的黄花甸子，1907 年后设一个五等小站。通车之后的牡丹江，依凭临江跨河的优势和图佳线修筑后的十字交叉效应，很快发展成一座东部重镇。

牡丹江站

牡丹江省公署办公楼

205

满洲里

满洲里在中东铁路修筑之前是一片荒草滩。中东铁路通车之后的满洲里，已经是一座边陲重镇。

满洲里全貌

满洲里站前大街

满洲里克鲁季茨基大街

海拉尔

铁路兴建之初的海拉尔。海拉尔为满蒙语，意为野韭菜。原本是草原上一片生长野韭菜的荒地。

海拉尔站（1913年）

海拉尔站（1923年）

海拉尔停车场（1938年）

海 林

通车之前的海林，是海浪河边的小村。今天的海林，已经成为张广才岭腹地的牡丹江卫星城。

海林市俯瞰图

海林市区图

绥 芬 河

　　铁路兴建之前的绥芬河，是一片没有人烟的荒谷。通车之初也曾叫五站，俄国人也称为"波格拉尼齐内亚"，意为边境小城，和口岸对面的小镇同名，后来俄境内的小镇改为格罗杰科沃。铁路通车后，许多国家商团在这里开埠，各国旗帜布满小镇，远远看去就是一座飘满旗帜的镇，百姓称之为"旗镇"。

绥芬河站全貌

街道外貌

大兴商贸

铁路通车后，哈尔滨相继诞生面粉厂、酒厂等企业。

中国第一满洲面粉厂

捷久科夫面粉厂

松花江面粉厂

尤维莉娜碾米厂

尼季娜娅伏特加酒厂

柴可夫斯基葡萄厂和白酒厂

"东方巴伐利亚"啤酒厂

许多银行相继进入东北的城市。

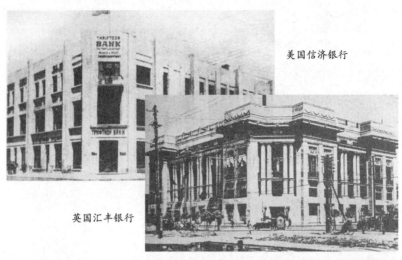

美国信济银行

英国汇丰银行

美国花旗银行

日本横滨银行

各洋行商行也相继进入东北。

1900 年最早进入哈尔滨的秋林洋行

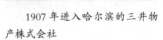

1907 年进入哈尔滨的三井物产株式会社

1909 年进入哈尔滨的日本松浦洋行

1912 年进入哈尔滨的德国西门子洋行

宾馆饭庄也拔地而起。

马迭尔宾馆

霍库曼宾馆

格兰德旅馆

格兰德旅馆楼下的普罗戈列斯（意为"进步"）电影院

宴宾楼饭店

戈马尔戴男宾馆

军官之家

米尼阿久尔咖啡茶食店

塔道斯餐厅

三教九流，五行八作，纷至沓来，各显神通。

算卦的

批八字的

拉洋片的

卖祖传秘方的

变戏法的

卖剪刀的

代写书信的

磨刀的

街头照相的

街头缝穷的

改变观念

    江滩上穿三点式泳衣的俄罗斯女人，让那个时代的中国人目瞪口呆，感受到铁路带来的异样和不同，人们还可以这样穿衣游泳。

遥看浴场更衣处

暖风吹得游人醉

郊外野餐

江中戏水，岸边纳凉

    外国人带来了另一种吃法的食物——火腿肠、列巴、面包、罐头

太阳岛以其迷人的魅力吸引了无数游人

街头身着洋装的外国女人

外国人带来的洋装、洋货。各洋行皆卖洋装、洋货。

中国大街（今称中央大街）鸟瞰

老八杂市场大街

中国大街，街头的中国人也开始改变装束

外国人带来了洋酒，并在铁路沿线传播。中东铁路沿线诞生许多啤酒厂，横道河子产的横道啤酒、绥芬河的熊牌啤酒，一面坡产的一面坡啤酒、哈尔滨产的哈尔滨啤酒，都盛行在铁路沿线。

乌鲁布列夫斯基啤酒厂，创办于1900年，是中国第一家酒厂，
哈尔滨啤酒厂前身，1933年更名为"哈尔滨啤酒厂"

东巴伐利亚啤酒厂，捷克人爱尔穆力于1903年创办，又称爱尔穆力啤酒厂，后被乌鲁布列夫斯基啤酒厂收购

外国人带来了洋烟。

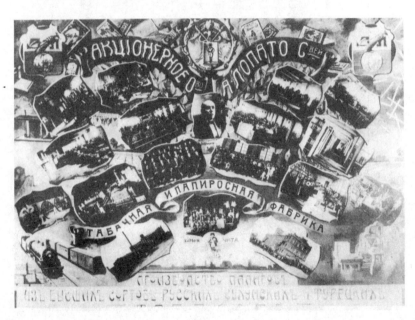

老巴夺香烟广告

文化教育

随着大批俄国人的进入，东正教堂林立，教会学校也应运而生。

海拉尔教会学校

齐齐哈尔教会学校

哈尔滨教会学校

公主岭教会学校

大连教会学校　　　　　　一面坡教会学校

绥芬河教会学校

绥芬河教会学校的圣像馆

1902 年绥芬河教会学
校师生合影

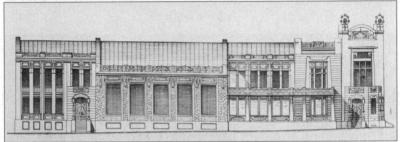

哈尔滨商校

日伪时期商务学堂

　　1906 年，中东铁路男子商务学堂和女子商务学堂分别成立，位于今天的西大直街哈工大外语培训学校，该校不久就停办。1920 年，在商务学堂的位置创办了哈尔滨高等经济法律学校。1922 年 7 月 1 日升为哈尔滨政法大学，1938 年停办

1920年5月，中东铁路管理局筹建哈尔滨华俄工业技术学校，同年10月17日举行开学典礼，校址就在俄国领事馆。1922年改为哈尔滨中俄工业大学校，1938年正式改用哈尔滨工业大学

哈尔滨中俄工业大学校主楼

第一任校长摄罗阔夫

第一届毕业班

大学校及技工校校舍

中国学生预科班

229

学校机械厂

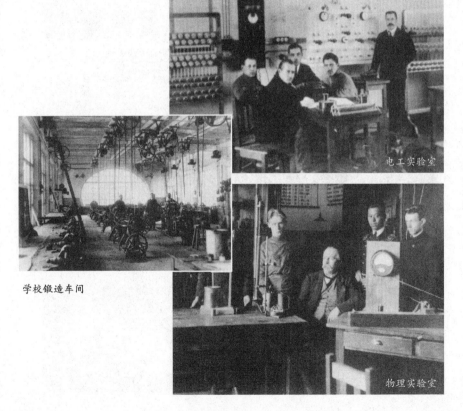

电工实验室

学校锻造车间

物理实验室

摄影作品

俄罗斯的画家也沿着铁路来到中国，油画和版画同时进入中国。图为早期俄罗斯画家的油画作品、版画作品和摄影作品。

油画

速描画

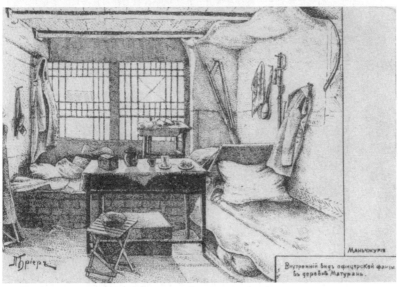

МАНЬЧЖУРІЯ

Внутренній видъ офицерской фанзы
въ деревнѣ Матурань.

传播宗教

随着中东铁路的诞生，铁路沿线相继建立起许多东正教堂，东正教也随即在东北传播开来。

第一座教堂——1898年8月，东清铁路工程局利用民房设立了东正教圣尼古拉教堂。这是俄国东正教在中国东北设立的第一所教堂

通往香坊之要道——从尼古拉教堂辐射出的通道大街（现中山路）是哈尔滨最早形成的街道之一

圣·尼古拉教堂

圣依维尔教堂

圣索菲亚教堂

阿列克谢耶夫教堂

海拉尔教堂

237

绥芬河教堂

免渡河工区教堂

238

横道河子教堂

　　横道河子这幢教堂是中国境内仅存的全木结构东正教堂，最初是传教和教学合用的房舍，第一任教士伊那肯基于1903年初从北京来这里传教和教学，由于气候不适，一年后回到北京，两年后客死北京

239

中东铁路少数民族语言站名译解

1. 绥芬河站

绥芬，满语，直译为"锥形体的甲壳虫"，一般认为是钉螺之意。一说是锥子或锥形体。据说，绥芬河最初是盛产钉螺而得名的。绥芬河站最初设计就在小绥芬河【今瑚布图河】岸边，故名绥芬河站。后因地形原因，施工时向北移了60多华里，因图纸上的站名就是绥芬河站，故没改名，沿用至今。今天的城市名也是因站名而来。

2. 伊林站

伊林，来自于俄语。伊林站位于黑龙江省穆棱市兴源镇【曾一度用名伊林镇，以车站命名，后恢复旧时镇名"兴源"】，来自于俄国工程师伊林斯基，取前两个字而命名。

3. 穆棱站

穆棱，满语，意为"马、马场"。因穆棱河从两山间缓缓流过，两岸是肥沃的土地，生产茂盛的马草，从渤海国时期开始，这里就设置放马场。因此，这条河便称为穆棱河，车站因此而得名。穆棱河站位于穆棱市穆棱镇。

---

4. 牡丹江站

牡丹江，满语，意为"弯弯曲曲的江"。清初流人吴兆骞之子吴桭臣认为牡丹江是骑马当日可返。因为那时牡丹江新旧两城，旧城在牡丹江最大支流海浪河边上，后移城牡丹江岸边觉罗滩，也叫觉罗洼子，从旧城到新城60里，骑马当日可返。

---

5. 海林站

海林，满语，因海浪河而得名，是海浪河的音译。海浪河，满语为海浪比拉，意为爱惜、舍不得，可译为"爱河""美丽可爱的河"。海林站位于海浪河边上，用满语音译命名。而过牡丹江东的一个小站，使用的是海浪河的汉译，即爱河站。

6. 横道河子站

"横道""横头"皆是满语,意为"迎面而来"。中东铁路建设初期,站前有一条小河迎面而来,当地满族人称之为"横道"。横道河子,满语即为"横道比拉"。比拉,小河,山间之河。东北人称小河习惯在后边加一个"子"字。

7. 亚布力站

亚布力,俄语,为"亚布洛尼"的简化,意为"野果""山葡萄"。修筑中东铁路时,因山上长满各种野果,尤其以山葡萄为主,因而得名。后来,亚布洛尼逐渐简化成亚布力,而一些年长的人仍称之为亚布洛尼。

8. 乌吉蜜站

乌吉蜜,满语。乌吉,窝集,意为"大森林"之意。有人将其解释为"森林里养育出来的蜜",即是按今天字面所解。据《金史语解》一书释名曰:"乌吉蜜,满语,养育也。"与蜜无关。

9.阿城站

阿城，因阿勒楚喀河得名，阿勒楚喀河简称"阿什河"，满语，意为"金""金子"。因城临其河，便简化为阿城。阿城为金国的创都地，故称此地为金，这河也便是金人居住地的河，为金河。

10.哈尔滨站

哈尔滨，来自金代女真语，满语，意为"江水流过形成的滩地"。一说来自满语哈里宾忒，意为"扁状的岛子"。一说为满语，"晒网场"之意。还有一种为俄国人研究结果，说来自通古斯语【满语】，意为"停泊船的渡口"。

11.安达站

安达，来自蒙古语"谙达"的音译，意为"伙伴"或"朋友"。二等大站，中东铁路从绥满线到哈大线，共设九个二等站，建筑结构完全一样，我们从遗留建筑可以看出几乎是一张图纸施工的。

12. 萨尔图站

萨尔图，蒙古语，意为"有月亮的地方"。一说来自人名，萨尔图属成吉思汗二弟哈布图哈萨尔的封地，人们简称为"萨尔图"。萨尔图原为安达的一个公社，大庆油田成立后归属大庆，成为大庆的主市区。目前，萨尔图站已改称大庆站。

13. 昂昂溪站

昂昂溪，蒙语，意为"狩猎场"。昂昂溪曾经是蒙古人骑马逐猎之地。一说来自满语，意为"雁多"，是大雁、天鹅栖息之地。此语也解释得通，因昂昂溪毗邻齐齐哈尔，齐齐哈尔扎龙湿地就是天鹅、丹顶鹤等栖息地。

14. 齐齐哈尔站

齐齐哈尔，源自达斡尔语，意为"边疆"。一说有"天然牧场"之意，因齐齐哈尔地处嫩江平原，是天然牧场。齐齐哈尔古称"卜魁"，是清王朝黑龙江将军驻镇地，又是黑龙江省最初的省会城市，因世界珍禽丹顶鹤在此栖息，又名"鹤城"。

15. 富拉尔基站

富拉尔基是，达斡尔语"呼兰额日格"的音译，意为"红色的江岸"。一说来自蒙语，意为"红"，有的解释为"红酒"，据传富拉尔基最早出产红酒，也有的解释为"红宝石"之意。富拉尔基曾出产名贵的红宝石。

16. 扎兰屯站

扎兰屯，满语，又书"甲喇"，即"参领"，清时官职名称。清代曾在此地设有"甲喇"衙门，后形成村屯，故名。这是常见说法。另有一种说法是，早年有个叫扎兰的蒙古人曾统领此地，屯垦戍边，故因其名为扎兰屯。还有一种说法是，1896年修筑中东铁路时，曾有一营人驻军于此，叫扎营屯，讹传音变，成了扎兰屯。

17. 海拉尔站

海拉尔，来自于海拉尔河，蒙古语"海利亚尔"音译，意为"野韭菜"。一说来自满语，海拉尔乌拉，意为"益母草"，生长益母草的河。海拉尔曾是呼伦贝尔盟所在地，后盟改市，已经改为呼伦贝尔市海拉尔区。

245

18. 牙克石站

牙克石，满语"雅克萨"音译而来，意为"要塞""军事要地"，中东铁路建设之初曾在这里驻军。一说来自满语"扎敦毕拉雅克萨"。毕拉意为"由高向低流的河"小河。扎敦毕拉雅克萨，意为"扎敦河被涮坍了的湾子"。另一说是蒙古语"喜桂图"音译，意为"森林"。

19. 哈拉苏站

哈拉苏，是鄂温克语，意为"被大火烧过的死树"，即人们所说的"火燎杆"。一说是蒙古语"哈日乌苏"的音译，意为"清泉""明澈的水"。

20. 巴林站

巴林，原称"巴里木"，系索伦语，即鄂温克语，意为"神山""佛山"之意。一说是蒙古语，为"巴拉"的音译，意为"有虎的地方"。无论哪种语，都与山和山林有关，是大山林里的火车站。

21. 雅鲁站

雅鲁，来自满语，雅勒、雅尔、雅绿、鸭绿是不同的音译，为同一词，意为"田边""山边"。一说蒙古语，意为"河边"。另一说来自于雅鲁河，可能是汉语鱼种中"三花五罗"中的"雅罗"。中东铁路修建之初使用站名为"芽芦站"，后逐渐演变成现在用名。

22. 博克图站

博克图，来自蒙古语"雅尔博克托"，或称"延博霍托"，意为"有鹿的地方"。几经转变，中东铁路设站时，就成为博克图。中东铁路修建之初曾是二等站，因此地有众多段所，且是军事要地，有阿穆尔军区一个整编旅的一个营驻守在这里。现为三等站。

23. 免渡河站

免渡河，是蒙古语"门都"的音译，意为"平安"。一说来自满语，同样意为"平安""安然无恙"，毕竟满语、蒙语之间有相同之处。

247

24. 伊列克得站

伊列克得，来自于蒙古语，其意有三：一是"狼巢"之意；二是"漩涡"之意；三是"徒步而来"之意。中东铁路通车之初，站名为"宜立克都"，是音译的不同。满铁时改为小岭子，后改为伊列克得。

---

25. 乌奴耳站

乌奴耳，来自蒙古语，意为"美丽富饶"。乌奴耳为牙克石市的一个小镇，四周森林密布，河水纵横，是一块美丽富饶的土地。为中东铁路西部线接轨地，因此，小站不大，在中东铁路线上颇有名气。

---

26. 乌固诺尔站

乌固诺尔，湖名，位于呼伦贝尔市海拉尔区西 20 公里处。乌固古译乌古，鄂温克族先世部落。诺尔，蒙古语，意为"湖"。乌固诺尔因乌古部落而得名。

27. 哈克站

哈克，来自蒙古语，意为"碱地，地衣"。另一说法，蒙古语，意为"低洼草原上的塔头墩子"。中东铁路修建之初，用名哈根站。"哈克"为"哈根"的音转，后来演变成哈克。

28. 扎罗木得站

扎罗木得，来自蒙古语，意为"有小鱼的地方"。中东铁路通车之初，使用站名为"扎洛木特"，是蒙古语音译的不同。

29. 谢尔塔拉站

谢尔塔拉，来自蒙古语，意为"金色草原"。谢尔塔拉位于海拉尔河畔，每年六月、七月间，草原上开满金黄色的花朵，故而得名谢尔塔拉。

30. 嵯岗站

嵯岗，来自蒙古语，嵯岗、查干，意为"白色"。中东铁路通车之初用名为"扎岗"，当地百姓一般称为"查岗"，皆是音译的不同。

31. 胪滨站

因毗邻胪滨河而得名，胪滨河旧称"克鲁伦河"，也称"布鲁给雅宝拉格"，后称"流变""流滨""庐胸""胪胸""龙驹""龙居""陆局"等等，来自于蒙语，意为"河""清泉"。

32. 扎赉诺尔站

扎赉诺尔，来自于蒙古语，是达赉诺尔的音译，意为"海一样的湖泊"。因地处达赉湖畔【今称呼伦湖】而得名。达赉湖地处满洲里草原，湖面开阔，看上去就是一片辽阔的海。

33. 满洲里站

满洲里，俄文的汉译。中东铁路通车之初，清初中国为满族人发祥地，满族全称是满洲族，俄国工程师确定站名时使用的俄文译文为"满洲里亚"，"亚"字为音缀，便取消了，直接用满洲里。将口岸站定名为"满洲里"，意思是"从这里开始便是满清王朝的辖地了"。铁路修建之前，满洲里一带被称为"布鲁给雅宝拉格"，来自蒙语，意为"喷泉"。

西线工程

西部线筑路工程师冯·奥芬别尔格

【任期：1897 年 3 月 ~ 1903 年 7 月】

满洲里站【二等站】

完工站【五等站】

赫尔洪得站【四等站】

1913年拍摄　现仅存教堂

海拉尔站【二等站】

免渡河站【五等站】
　曾是施工工区。

宜立克都站【四等站】
　今伊列克得站。

乌奴耳站【五等站】
　1901年11月3日，西线接轨仪式在此举行，至此，哈尔滨至满洲里间全线竣工。

兴安岭站【五等站】

乌固诺尔站【五等站】

博克图站【二等站】

巴林站【五等站】

哈拉苏站【五等站】

扎兰屯站【三等站】

253

富拉尔基站【五等站】
　始建于 1925 年。

齐齐哈尔站【二等站】
　今昂昂溪站，齐齐哈尔站（旧楼），为 1932 年日军占领齐齐哈尔以后建的，是日伪时期建筑。

安达站【三等站】

东线工程

东部线筑路工程师拉·斯维雅金
【任期：1898 年 ~ 1901 年】

阿什河站【四等站】
今阿城。

阿什河大街上的老戏园子

珠河站【三等站】

　　今尚志，原名乌吉密河站，后改珠河站。开站于1900，当时没有站房，为火车会让站。1925年始建成站房。

1903年的一面坡站

为1905年的一面坡站

客运设施

一面坡蚂蚁河畔的公园

一面坡站【三等站】

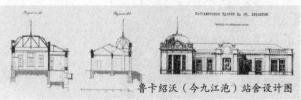

鲁卡绍沃（今九江泡）站舍设计图

鲁卡绍沃站【五等站】

　　今九江泡站。开站于1900年，以该段工程师鲁卡强沃的名字为站，1923年改为九江泡，1925年始建成站房。今已停用。

苇沙河【五等站】
　今苇河站。

亚布洛尼站【四等站】
　今亚布力站。

1901年的横道河子火车站

横道河子站【二等站】
　1901年3月3日，东部线于此站举行接轨仪式，至此，哈尔滨至绥芬河间全线告竣。

山市站【四等站】
　1901年建站。

海林站（1903 年）

海林站【四等站**】**

牡丹江【五等站**】**

　　1907 年始建牡丹江站，位于牡丹江工人文化宫附近，日伪时期移到今牡丹江站。

1923 年的磨刀石站

磨刀石站【四等站**】**

258

代马沟站全景

客运设施

代马沟站【五等站】

细鳞河站【四等站】

　　最初称七站，1933年始改称细鳞河站。细鳞河为东宁北部小绥芬河支流。

1903年的穆棱站

1923年的穆棱站

穆棱站【三等站】

259

下城子站

开站于1899年，当初为会让站。后为四等站。站房完成于1901年。最初为小城子，后改为下城子。

伊林站【四等站】

因工程师伊林斯基而得名。此镇清末为兴源，后改为伊林，今称兴源镇，站名伊林。

马桥河站【四等站】

车站全貌

小绥芬河站【四等站】

今绥阳站。

1923年的绥芬河站

绥芬河站【二等站】

绥芬河全貌

南线工程

南部线筑路工程师萨哈洛夫

【任期: 1899 年 ~ 1904 年】

王岗站

1899 年开站,初为会让站,原名用总工程师的名字命名为尤戈维奇站,后改为沈家王岗站,1925 年建站舍,为五等站。

1903 年的双城堡站

1931 年的双城堡站

双城堡【四等站】

1903 年的站房

陶赖昭站【四等站】

1905 年的德惠站

建站初期的德惠

窑门站【三等站】

今德惠站。

中东铁路老少沟站旧址（2003 年）

老少沟站

1901 年开站，原为会让站，原名为老烧锅站，后改为老少沟站。1932 年建站舍，为五等站，后取消。

满铁长春大和旅馆

头道沟站【四等站】

今长春站。1907 年 8 月建站，1932 年设新京，满铁将原旧站房拆除，建立新的大站，1933 年建成新站。

1910年站内的宽轨车与窄轨车

宽城子站【四等站】

　　老长春站。1905年后，除站房外，以南部分划归日本满铁株式会社。

范家屯站【四等站】

公主岭站【二等站】

　　原名公主陵站，因乾隆皇帝的女儿和敬公主衣冠冢于此而得名。曾用名"三站"，后改为公主岭。1901年7月18日，南支线在此站举行接轨仪式，至此，哈尔滨到旅顺口全线铺轨结束。1902年8月，清河、浑河、太子河三处桥梁竣工，全线铺轨完工。

四平站【四等站】
　1903 年开站。

双庙子站【四等站】

1903 的老站房

昌图站【四等站】

1932 年日本满铁时建的站房，今天仍使用

开原站【四等站】
　原名孙家店站。

修复后保护至今的铁岭站

铁岭站【三等站】

铁岭清初称银州，车站建城西，称西关站，后改铁岭。1904年，日俄战争中，俄军败退时将站舍全部烧毁，原墙体没变，后在此基础上重建。1912年、1945年先后又遭遇两次大火，1945年俄国工程师又在此结构上重建，使用至今。

虎石台站【五等站】

1903年的奉天站

沈阳站【四等站】

原名奉天站，俄语音译谋克敦站。1950年始称沈阳站。1910年满铁扩建的奉天站。

烟台站【四等站】
　今辽宁灯塔站。

客运设施正面图（从铁路方向拍摄）

辽阳站【二等站】

官员巡视辽阳街区　　辽阳白塔

得利寺站
　1903年建站舍，会让站。1904~1905年日俄战争时，此地发生过激战。

旧堡站遗址
　1900年开站，会让站。

鞍山站【四等站**】**

大石桥站【四等站**】**

267

盖州站【四等站】

熊岳城站【四等站】

万家岭站【五等站】

瓦房店沟站【四等站】

瓦房店站【二等站】

普兰店站【四等站】

三十里堡站【五等站】

大房身站【五等站】

南关岭站【四等站】

营城子站【五等站】

1901年的大连临时站房

大连站【五等站】

旅顺站【三等站】

中东铁路的工区

全线共分 20 个工区。

绥满主干线全长 1479.3 公里，分 13 个工区。从西至东：

第一工区	满洲里
第二工区	海拉尔
第三工区	免渡河
第四工区	牙克石
第五工区	扎兰屯
第六工区	齐齐哈尔
第七工区	哈尔滨
第八工区	
第九工区	
第十工区	一面坡
第十一工区	横道河子
第十二工区	海林
第十三工区	绥芬河

哈尔滨到旅顺南支线全长 1009.9 公里，共分 7 个工区：

第一工区	哈尔滨
第二工区	老少沟
第三工区	宽城子【今长春宽城区】
第四工区	铁岭
第五工区	辽阳
第六工区	旅顺
第七工区